허니버터칩의 비밀

열정적인 개발과정부터 새로운 정답을

만들어가는 마케팅 전략까지

허니버터칩의 비밀

신정훈 지음

알키

우리 모두의
허니버터칩을
꿈꾸며

출시 후 1년 만에 6,000만 개 판매.

1,500원짜리가 암시장에서 10배 가격으로 거래.

이것 하나를 얻기 위해 대형마트와 편의점 수십 군데를 도는 일까지 발생.

과자 하나가 이렇게 대한민국을 들썩이게 만든 적이 있었던가. 바로 제과업계에서 실로 오랜만에 나온 대박 상품, 허니버터칩 이야기다.

허니버터칩은 제과업계에 수십 년 동안 몸담았던 사람들도 처음 보는 현상이라고 할 만큼 엄청나면서도 기이한 열풍을 일으켰다. 없어서 못 먹는 과자, 줄 서서 사는 과자 등 온갖 수식어를 만들어냈고, 출시한 지 석 달 만에 50억 원이 넘는 매출을 돌파했다. 한때는 연예인들의 SNS를 비롯해 모든 인터넷 공간이 허니버터칩 사진으로 도배되었으며, 제과업계는 물론 주류업계, 화장품업계, 건설업계 등 과자와 전혀 무관한 다른 산업에서까지 유사 상품이 속출했다. 허니버터칩의 인지도는 무려 90퍼센트를 웃돌았다.

그럼에도 불구하고 나는 이 현상들이 패드^{Fad}(일시적 유행)에 그칠지 모른다고 생각했다. 제과업계에서 스테디셀러의 벽은 견고하다. 신제품은 출시 초반에 반짝 인기를 누리더라도 어느 정도 시간이 지나면 스테디셀러들이 상위권을 탈환하는 것이 보통이다. 그러나 허니버터칩이 출시된 지 1년이 지난 지금도 여전히 이 과자의 열풍이 현재진행형이라는 것을 생각하면 이제 허니버터칩은 패드가 아닌 패션^{Fashion}(지속적 유행)의 반열에 오른 듯하다.

나는 허니버터칩을 만든 해태제과의 대표로서, '달콤한 감자칩'이라는 아이디어를 내는 것을 시작으로 개발과 출시까지의 전 과정에 관여했다. 평생에 한 번 볼까 말까 한 대박 상품을 만들어냈다는 기쁨과 더불어, 이 제품과 관련된 여러 현상들을 가장 가까운 곳에서 지켜보는 행운을 누렸다. 하지만 대부분의 사람들은 허니버터칩의 진짜 이야기를 모른다. 허니버터칩의 큰 성공만큼이나 무성했던 소문에 관해서만 알고 있을 뿐이다.

나는 이 책에서 허니버터칩의 '진짜 이야기'를 풀어놓으려 한다. 이 과자를 만들기 위해 우리가 어떤 단계를 거쳤으며, 그 단계마다 우리를 짓눌렀던 고민은 무엇인지, 고민의 순간 우리가 판단의 기준으로 삼은 것은 무엇이며, 패드를 패션으로 발전시키기 위해 무엇을 하고 무엇을 하지 않았는지. 무엇보다 나는, 감자칩 시장의 만년 꼴찌였던 해태가 단순히 순위 다툼에서 우위를 차지한 것에서 한 발 더 나아가 감자칩의 새로운 영역을 개척하고 주도하게 된 과정을 통해 진정한 성공의 의미를 함께 되새겨보고 싶다.

히트 상품은 단순히 노력만으로 태어나지 않는다. 시장을 파악하고 분석하는 정확한 눈, 결정적인 고비마다 올바른 판단을 내릴 수 있는 직관력, 그리고 무엇보다 운이 따라야 한다. 나는 허니버터칩의 성공이 운에 빚지고 있다는 것을 부정하지 않는다. 그러므로 내가 이 책을 쓰기로 결심한 데에는 허니버터칩이 누린 행운에 감사하는 마음에서 비롯된 책임감이 크다. 우리가 허니버터칩을 통해 알게 된 성공 노하우를 공유하는 일이 그 책임의 첫걸음이기를 바란다.

나는 우리의 이야기가 히트 상품을 만들고자 하는 제품 개발자나 마케팅 담당자 등과 같은 기업 관계자뿐 아니라 저마다의 꿈을 안고 살아가는 여러분 한 명, 한 명에게도 유효하리라 확신한다. 그리고 그런 분들에게 더 쉽게 다가가고자, 일반적인 경영서의 글쓰기 방식을 따르지 않기로 했다.

그동안 출간된 경영 전략서나 경영자의 성공 스토리를 담은 책들을 보면, 대체로 내용이 딱딱하거나 저자의 일대기가 책 한 권에 걸쳐 열거된 경우가 많다. 이런 책들은 큰 틀을 살피려는 사람들에게는 도움이 되지만, 세부적인 측면을 알기에는 다소 아쉬운 점이 있다. 그래서 나는 허니버터칩의 출시 전후 상황을 스토리텔링 형식을 빌려 구체적으로 묘사하고, 이를 바탕으로 히트 상품을 만들어낸 우리만의 방법을 전달하고자 했다. 허니버터칩의 성공 뒷이야기를 읽는 쏠쏠한 재미도 빼놓지 않으려고 노력했다.

이 책은 크게 3장으로 나뉘어 있다.

첫 번째 장은 허니버터칩 개발에 관한 이야기다. 감자칩 시장에서 꼴찌를 면치 못하던 우리가 새로운 감자칩을 만들기까지의 각 단계를 상세하게 담았다. 이미 업계에 감자칩의 성공공식이 확고히 존재하는 상황에서, 우리는 제품 개발 각 단계마다 고정관념을 깨는 시도를 거듭했다. 이런 판단들 하나하나가 모여 얼마나 큰 결과로 이어졌는지 그 놀라운 과정을 확인할 수 있을 것이다.

허니버터칩 출시 이후의 상황이 담겨 있는 두 번째 장은 판단과 직관에 관한 이야기다. 허니버터칩이 만들어낸 현상들이 워낙 낯설었던 탓에 우리 또한 놀라고 당황스러운 일들이 많았다. 다들 처음 겪는 일이라 참고할 만한 데이터도 없었고, 이제껏 쌓아온 경험도 무용지물이었다. 참고할 만한 사례도 의지할 대상도 없었기 때문에, 우리는 스스로의 판단과 직관을 믿어야 했다. 다른 사람들이 만들어놓은 정답을 따라가는 게 아니라 우리가 새로운 정답을 만들어야 했다. 이 장에서는 예상을 뛰어넘는 성과를 목도하면서 매 순간 우리가 해야 했던 최선의 선택들에 관해 말하고자 했다.

세 번째 장은 패드를 패션으로 발전시키기 위해 우리가 했던 일들, 히트 이후에 오는 진짜 성공에 관한 이야기다. 히트라는 것은 단순한 상태에 불과하므로 히트한 순간보다는 그것을 지속하고 발전시키는 과정이 더 중요하다. 또 히트 상품 하나가 오히려 다른 상품의 판매량을 떨어지게 해 회사 전체 매출에 악영향을 끼치는 경우도 있기 때문에, 순간의 인기에 취하기보다는 차근차근 장기전을 준비해야 하는 것도 빼놓을 수 없다. 따라서 이 장에는 허니버터칩의 성공을 회사 전체의 지속적인 성장으로 이어가기 위한 후속 전략도 함께 담았다.

어떤 책도 누구의 이야기도 모든 상황에 통용되는 정답은 아니기에, 이 책이 여러분 모두의 해답이 될 수는 없을 것이다. 다만 이 책이 여러분 스스로 자기만의 해답을 찾아가는 여정에서 길잡이가 되었으면 좋겠다. 여러분이 이 책을 통해 허니버터칩의 성공 비밀을 알게 되는 데서 한 발 더 나아가 그것을 자신의 현실에 맞게 응용할 수 있다면, 그래서 이 책을 읽은 모두가 자기만의 허니버터칩을 만들 수 있게 된다면, 나는 더없는 보람을 느낄 것이다.

신정훈

3장

진짜 성공은
히트 이후에
온다

| 허니버터칩 개발 & 시장 진입 프로세스 |

1단계 **아이디어의 개발**	상식을 의심하라
2단계 **콘셉트의 개발**	'왓 이프What If'에 익숙해져라
3단계 **제품 출시 준비**	'답정너'는 있어도 '답정품'은 없다
4단계 **신제품의 출시**	'트렌드'에 민감하라
5단계 **시장에의 대응**	'팩트 베이스에 따른 관리'를 하라

- 시장 지도화 Market Mapping
- 아이디어 도출 Ideation
- 콘셉트 매력도 조사 Concept Attractiveness Test

- 콘셉트의 구체화 Create High Potential Concept
- 시장 매력도 조사 Market Attractiveness Test

- 맛 Taste
- 브랜딩 Branding / 패키징 Packaging
- 생산 Production

- 입점 Go to Market
- 초기 시장 반응 파악 Check Initial Market Reaction
- 프로모션 Promotion

- 시장 반응의 대응 Market Responding
- 품질 관리 Product Quality Management
- 카니발리제이션 관리 Cannibalization Management

1장

만년 꼴찌,
출사표를 던지다

Shall We Honey?

감자칩은 짜야 한다 vs.
감자칩은 짜야 할까?

맛 지도에서 숨은 그림 찾기

나는 회의 테이블에 앉아 있는 사람들을 둘러보았다. 회의가 시작된 지 한참 지났지만, 아무도 입을 여는 사람이 없었다. 벽시계의 초침 소리와 간간이 창밖에서 들려오는 소음을 제외하면, 회의실은 쥐 죽은 듯 조용했다. 누군가가 벽시계를 힐끔거리자, 다른 누군가가 뻐근해진 목을 주물렀다. 다른 이들의 눈치를 보는 사람, 도표 위에 의미 없는 선을 그리는 사람, 이들 모두 행동은 제각각이지만 속내는 하나일 것이다. 이 길고 난감한 침묵을 견디는 것.

사람들 앞에 놓인 도표는 우리나라 스낵의 맛을 색깔별로 분류해놓은 이른바 '맛 지도Taste Map'였다. 간부들에게는 맛 지도라는 단어부터 도표의 형태까지 모든 것이 생소할 것이다.

'새로운 방법을 찾으려면 먼저 관점을 바꾸어야 한다.'

그동안 신제품 개발을 앞두고 우리가 봐왔던 것은 브랜드별로 스낵을 분류한 그림이었다. 하지만 맛 지도의 취지는 '브랜드'로 바라보던 시장을 '맛'으로 바라보자는 데 있었다. 고정관

우리나라 스낵의 맛 지도

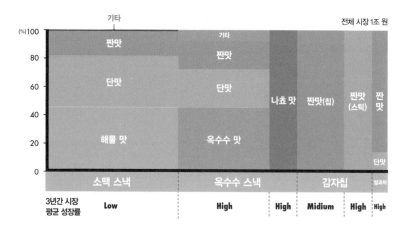

넘을 떨쳐내려면 먼저 기존의 관점에서 벗어나야 했다. 그것이 바로 맛 지도였다.

사실 이 맛 지도에는 의아한 점 하나가 숨겨져 있었다. 하지만 업계의 논리와 공식에 익숙해진 우리는 그것이 무엇인지 깨닫지 못했다. 소맥 스낵은 짠맛, 단맛, 해물 맛. 옥수수 스낵은 짠맛, 단맛, 옥수수 맛, 나쵸 맛. 감자칩은 짠맛. 당연하고 당연했다. 굳이 이렇게 도표로 만들지 않아도 제과업계 종사자라면 누구나 알고 있는 사실이었다.

나 역시 처음엔 도표를 뚫어져라 쳐다보면서도 특이한 점을 발견하지 못했다. 그러다 문득 깨달았다. 감자칩과 다른 스낵의 차이, 여기에는 있고 저기에는 없는 맛.

'당연히'를 뒤집어라

"감자칩은 왜 짠맛만 있는 거지?"

딱히 누구에게 묻는 말이라기보다는 혼잣말 같은 질문이었다.

긴 침묵을 깨뜨리는 내 말에 순식간에 좌중의 시선이 내게 쏠렸다.

"감자칩은 당연히 짜야…."

"그러니까 왜 감자칩은 '당연히' 짜야 하느냐고?"

평소에도 나는 '당연하다'라거나 '원래 그렇다'라는 말에 쉽게 수긍하지 않는 편이었다. 세상에 당연한 건 없다. 원래 그런 것도 없다. 이미 만들어진 것을 의심 없이 받아들이는 사고방식이 '당연하다'라거나 '원래 그렇다'라는 반응을 만들어내는 것뿐이다.

"도표를 보세요. 다른 스낵에는 짠맛과 단맛이 골고루 있는데, 감자칩에는 단맛이 없어요."

"그… 그렇죠."

누군가는 마지못해 수긍했고, 다른 누군가는 왜 그렇게 당연한 이야기를 하느냐는 듯 어리둥절한 표정을 지었다. 사람들은 다시 도표를 물끄러미 바라보았다. 짧은 침묵이 흐른 뒤 누군가가 중얼거렸다.

"그러게, 왜 감자칩은 당연히 짜야 한다고 생각했을까?"

감자칩이 짜다는 것은 상식이다. 상식이라고 단정하면 아무것도 달라지지 않는다. 하지만 상식을 의심하면 변화가 생긴다. 우리에게 필요한 건 마침표를 물음표로 바꾸는 것이었다. '감자칩은 짜야 한다'가 아니라 '감자칩은 짜야 할까?'라고.

"감자 쪄먹을 때를 생각해보세요. 소금 찍어먹는 사람도 있지만, 설탕 찍어먹는 사람도 있을 거라고. 결국 짠맛이냐, 단맛이냐는 취향이란 말이죠."

브랜드가 아니라 맛으로 시장을 바라보고, 상식을 수긍하는 대신 의문을 가지자, 또 다른 질문들이 꼬리를 이었다.

"감자칩은 왜 짜야 할까요? 단맛이 들어가면 안 되나요? 달콤한 감자칩이 있다면 어떨까요? 저는 이런 생각이 계속 듭니다."

얼떨떨한 표정으로 나를 바라보던 간부들이 하나둘 입을 열기 시작했다.

"감자칩은 아니지만 타사 제품 중에서 단맛이 나는 스낵들이 잘 팔리긴 합니다."

"그러고 보니 최근 들어 메이플 베이스나 슈거 베이스 제품들이 많이 출시되었습니다."

그것은 우리에게 사소하면서도 커다란 전환이었다. 오히려 제과업계에 종사하지 않는 사람은 이 지도를 보고 "다른 스낵에는 짠맛과 단맛이 있으니까, 감자칩에도 단맛을 넣어야겠네"라고 생각할 수 있지만, 고정관념에 물든 전문가들 눈에는 그 점이 보이지 않는다. 오랫동안, 항상, 당연히 그래왔기에 의심하거나 토를 다는 대신 단정하고 마는 것이다. "감자칩은 짜야 한다!"라고.

더 내려갈 데도 없다

말의 물꼬가 트이면서 회의 분위기는 활기를 띠기 시작했다. 나는 달콤한 감자칩의 맛을 상상해보았다. 짭짤하고 달달한 감자칩과 시원하고 톡 쏘는 맥주의 궁합도 생각해보았다. 단번에 어떤 맛일지 떠오르진 않았지만 왠지 나쁘지 않을 것 같았다. 내가 한창 상상에 빠져 있는데 회의론이 치고 들어왔다.

"하지만 그건 감자칩이 아닌 다른 스낵의 경우죠."

"달콤한 감자칩은 너무 낯선 아이템입니다. 대중의 미각은 보수적이에요. 고전적인 제품들이 잘 팔리는 것만 봐도 알 수 있지 않습니까?"

"감자칩은 당연히 짜야죠. 타사의 잘 팔리는 감자칩들이 다 짠 데는 이유가 있지 않을까요?"

경험과 통계로 무장한 단맛 회의론 앞에서 단맛 옹호론은 이내 기가 죽었다. 다시 찾아온 침묵 속에서 익숙한 사실, 오래된 고정관념이 또 고개를 들었다. '그래, 감자칩은 짜야지….'

나는 그동안의 상황을 떠올렸다. '홈런볼' '오예스' '버터링'처럼 클래식이라 할 만한 제품들은 꾸준히 제 몫을 하고 있었지만 감자칩은 항상 업계 꼴찌였다. 감자칩 시장에 가장 늦게 뛰어든 해태는 브랜드 파워가 약한 탓에 PX^Post Exchange 제품이나 PB 상품^Private Brand Products 위주로 생산을 하고 있었다. 판매 단가가 낮다 보니 원가를 맞추기도 어려웠고, 대형 제품이 없다 보니 품목 교체도 잦았다.

피자 맛이 나는 감자칩, 샐러드 맛이 나는 감자칩 등 다양한 시도를 해봤지만, 상황이 반전되기는커녕 출시된 지 얼마 되지 않아 시장에서 사라지는 참담한 결과가 이어지고 있었다. 출시 초반 반짝 인기를 끄는 제품도 있었지만 반응은 오래가지 않았다. 감자칩을 생산하는 문막 공장은 해태의 공장들 중 생산 금액이 가장 낮았고, 로스 타임^{Loss Time}은 제일 높았다. 이름만 들어도 바로 떠올릴 수 있는 해태의 대표 감자칩이 꼭 필요한 상황이었다.

"어차피 업계 꼴찌인데, 더 내려갈 데도 없지 않습니까?"

내가 던진 말에 회의실은 조용해졌다.

"잘되는 감자칩이 전부 짠맛이라는 건 저도 알아요. 그런데 우리도 짠맛 가지고는 이것도 해보고 저것도 해보고, 해볼 만큼 해봤잖아요."

나는 결심을 굳힌 채 자리에서 일어나며, 한마디 말로 긴 회의를 끝냈다.

"그러니까 해봅시다, 달콤한 감자칩!"

황금 재료를
찾아라

맛 찾아 삼만 리

평일 낮의 재래시장은 한산했다. 해태 연구소의 연구원인 최 팀장과 조 대리는 신선한 제철 채소가 진열된 채소 가게를 지나, 비릿한 바다 냄새가 코를 찌르는 어물전 상가를 지나, 시장의 더 깊숙한 곳으로 향했다. 목적지가 정해져 있는 건 아니지만 두 사람은 머뭇거리거나 헤매지 않고 복잡하게 얽힌 골목으로 곧장 걸어 들어갔다. 연구소에서 멀지 않은 이 재래시장은 두 사람 모두에게 그만큼 익숙한 곳이었다.

신제품 개발을 준비할 때마다 연구원들은 시장을 비롯해 다양한 장소를 찾곤 했다. 대형마트를 가더라도 과자 섹션보다는 다른 식품 섹션에서 더 많은 시간을 보냈다. 사람들이 많이 몰리는 진열대가 어디인지, 어떤 식재료가 유행하며 그중에서도 무엇이 잘 팔리는지를 유심히 관찰했다.

과자를 만든다고 과자만 살펴보면 시야가 좁아지기 십상이다. 음식 전반을 폭넓게 바라보고 대중의 취향을 파악하기 위해선 과자라는 한정된 카테고리에 머물러 있는 것으론 부족했다. 사람들이 좋아하는 맛은 고정적인 것 같으면서도 트렌드가 있어서, 특정한 맛을 가진 제품이 히트를 하면 다른 업계에까지 영향을 미치는 일이 종종 있었다. 불닭이 크게 유행했을 때 식품업계 전반에서 매운맛이 인기를 끌었던 것도 같은 맥락이었다. 다양한 음식은 물론 삶이 함께 넘실거리는 재래시장은, 그런 면에서 시장 조사를 위한 최적의 장소였다.

두 사람은 매운 냄새가 풍기는 떡볶이 가판 앞에서 잠깐 걸음을 멈췄다. 뜨거운 불판 앞에서 떡볶이를 뒤적이느라 상인의 이

마는 땀으로 번들거리고 있었다.

"떡볶이 보니 그때 생각나지 않아?"

최 팀장은 슬며시 웃으며 조 대리에게 말을 걸었다.

"그럼요, 그때 신당동 떡볶이 엄청 먹었잖아요."

길게 설명하지 않아도 두 사람은 서로가 말하는 '그때'가 언제인지 알고 있었다. '신당동 장독대를 뛰쳐나온 떡볶이 총각의 맛있는 프로포즈'라는 과자를 개발할 때였다. 매콤달콤한 떡볶이의 맛을 스낵으로 만든 그 과자에 대해 생각할 때 이처럼 유래 없이 긴 이름보다 먼저 떠오르는 것은, 하루가 멀다 하고 떡볶이를 먹으러 신당동을 찾았던 기억이었다.

재래시장을 거닐며 두 사람은 같은 생각을 하고 있었다.

'달콤한 감자칩.'

현재 본사에서 논의하고 있는 신제품의 콘셉트였다. '달콤하다'라고 표현하는 두루뭉술한 맛을 어떤 소재로 구체화할 것인가가 제품 개발의 관건이었다.

단맛 하나를 내는 데도 설탕, 메이플, 과당 등 다양한 종류의 재료가 들어갈 수 있다. 어떤 재료를 어떻게 조합하느냐에 따라 단맛이 유지되는 양상도 달라진다. 개발 과정에서 어떤 변수, 어떤 영향이 생길지 알 수 없기 때문에, 새로운 맛을 만든다는 것은 항상 미묘하고 복잡한 일이었다.

최 팀장과 조 대리는 시장을 돌면서 단맛이 나는 음식들을 맛보았다. 원료가 될 만한 음식을 발견하면 상인에게 질문을 하고 메모를 했다. 연구소로 돌아가 감자와 이 원료들의 궁합을 맞춰볼 참이었다. 지금껏 만들어본 적이 없는 새로운 감자칩에 도전한다는 게 막막하기도 했지만, 감자칩으로 열세를 면치 못하는 상황에서 감자칩으로 끝을 보겠다는 의지는 본사나 연구소나 다르지 않았다.

'이번엔 감자칩으로 성과가 좀 있어야 할 텐데….'

두 사람의 마음은 오기 반 고민 반이었다. 초조한 탓인지 자꾸 걸음이 빨라졌다.

시식의 두 얼굴

"아직 점심 먹은 것도 안 꺼졌는데….."

누군가 들릴 듯 말 듯 혼잣말을 했다. 점심시간이 막 끝난 오후, 배가 부르고 입맛이 없는 건 나를 비롯해 회의실에 모인 사람들 모두 마찬가지였다. 배가 고플 때 먹으면 낫겠지만, 오전의 공복 상태에서는 모든 제품이 다 맛있다는 것이 함정이었다. 배가 불렀을 때라야 진짜 맛있는 제품을 골라낼 수 있기 때문에, 시식은 항상 점심시간 이후에 잡히곤 했다.

커다란 테이블 위에는 100여 개의 감자칩이 잔뜩 쌓여 있었다. 연구소에서 맛 시장 조사를 하는 동안, 본사에서는 국내는 물론 해외에서 공수해온 수많은 감자칩을 시식해보며 참고할 만한 제품을 선별해 연구소에 보내곤 했다. 나는 가위를 든 직원에게 말했다.

"자, 시작합시다."

첫 번째 봉투 입구가 싹둑 잘려나갔다. 나는 그 봉투에서 감자칩 하나를 꺼내 맛을 본 뒤, 옆 사람에게도 권했다.

"김 차장도 맛봐요. 이 부장도 하나 드셔보시고."

얼마 지나지 않아 회의실 안은 말소리 대신 바삭바삭한 감자칩을 씹는 소리로만 가득찼다. 금방 맛을 파악하기가 어려운지 한두 개씩 더 먹어보는 사람도 있었다. 맛을 본 뒤에는 물로 입을 헹궜다. 그래야 다음 제품의 맛을 정확히 알 수 있기 때문이다.

"이 제품은 매운맛이 너무 강합니다."

"맛의 밸런스가 약간 맞지 않는 것 같습니다."

"이건 너무 짜기만 한데요."

의견을 교환하는 사이 다음 봉지, 또 다음 봉지가 열렸다. 개봉하는 감자칩이 많아질수록 점점 더 배가 불러왔고, 물을 마셔도 짠맛의 여운이 길게 남았다. 나는 몇 번째인지 모를 감자칩을 계속해서 입안으로 밀어넣었다. 아무리 배가 부르고 입이 텁텁하다고 해도 테이블에 놓인 감자칩을 모두 맛봐야 이 시간이 끝날 것이었다. 아니, 맛을 보는 것에서 끝나는 일이 아니었다. 맛있다면 진짜 맛있는지, 맛이 없다면 왜 맛이 없는지 확인하고 분석해야 했다.

'그래도 감자칩이라서 다행이지.'

문득 만두를 개발할 때가 생각나 나는 쓴웃음을 지었다. 만두는 몇 개만 먹어도 배가 부른 탓에 시식을 할 때면 늘 곤혹스러웠다. 밀가루와 고기와 채소가 만들어내는 그 든든한 포만감이란!

조리가 필요한 만두는 준비하는 규모부터가 다르다. 조리할 장소도 민감한 문제다. 보통은 회사 지하에 있는 식당에서 조리하지만, 많은 사람들이 식당으로 이동하거나 식당에서 조리한 음식을 가지고 올라오는 것도 번거로운 일이라서 우리는 종종 회의실에 휴대용 가스버너를 놓고 조리를 했다.

환기가 완벽하지 않은 밀폐된 회의실에서 만두를 삶고 찌다 보니, 맛있는 냄새가 솔솔 풍겨나오는 것은 당연한 일. 시식 시간이 늦은 오후라면 슬슬 허기를 느낀 직원들이 회의실 문을 힐끗거리며 이제나저제나 시식이 끝나기만을 기다린다. 남은 음식이 자기에게도 돌아올까, 은근한 기대를 갖는 것이다.

과자든 만두든 수십, 수백 개의 제품을 준비하다 보니 시식단은 한 봉지에서 각자 한두 개밖에 먹지 못한다. 당연히 시식이 끝나면 음식이 남는다. 이 상황이 즐거운 것은 회의실 밖에서 냄새를 맡던 직원들만이 아니다. 시식을 준비한 사람도 즐겁다. 시식을 준비한 사람은 국내외의 다양한 제품들 가운데 자기 취향에 더 잘 맞는 음식을 고르게 되고, 남은 음식을 챙겨가면 한두 끼 정도는 취향에 맞는 만두, 또는 간식으로 때울 수 있기 때문이다.

누군가에게는 즐겁고, 누군가에게는 고역인 시식 시간. 어쨌든 본격적인 개발에 들어가기 전까지는 그나마 양호한 편이다. 시식회에서 나온 의견을 종합해서 연구소로 보낸 뒤 연구소에서 샘플을 보내오면, 그때부터가 진짜 괴로운 시간이다.

개발 단계의 제품을 먹는 것은 타사의 완성품을 먹는 것보다 몇 배는 더 힘들다. 맛의 함량과 비율이 정확하게 나오지 않은 미완성 제품들이 완성품처럼 맛있지 않은 것은 물론이다. 샘플이 맛있어지는 단계, '오, 이제 됐다' 하는 순간, 그때가 바로 시식이 끝나는 때다.

"과자 회사 다니면, 맛있는 과자 많이 드시겠네요?"

이런 이야기를 하는 사람들이 많은데, 천만의 말씀이다. 완성도 되지 않은 맛없는 과자를 우리처럼 주야장천 먹어야 하는 불쌍한 사람들도 없다.

맛은 추억이다

몇 차례의 시식회를 거친 뒤, 나는 달콤한 감자칩의 원료를 정하기 위한 회의를 소집했다. 여러 의견이 나왔지만 딱히 '이 거다!' 싶은 재료는 아직 없었다. 인공 감미료는 제외하고 천연 감미료 중에서 선택한다는 지침까지는 세웠지만, 천연 감미료도 한둘이 아니었다.

"맛동산처럼 물엿을 넣는 것도 괜찮을 듯합니다. 달콤한 감자칩은 낯선 콘셉트이지만, 기존 제품 중에 같은 단맛이 있으면 고객들에게 익숙하게 다가설 수 있으니까요."

"글쎄요, 저는 기왕 새로운 시도를 할 거면, 강하게 나가는 게 좋을 것 같은데요. 입에 넣는 순간 단맛이 확 느껴지게 하는 거죠."

"초기에 단맛이 올라오는 재료라면…, 감초요?"

"전 초반부터 단맛이 나는 건 반대입니다. 오히려 메이플처럼 은은하면서 약간의 향이 들어가 있는 게 좋을 것 같아요."

"저도 메이플을 생각했습니다. 타사에서도 메이플을 가미한 제품이 잘 팔리고 있습니다."

각각 타당성이 있는 의견이지만, 나는 무언가 부족하다는 느낌을 지울 수가 없었다.

"아니에요, 기존 제품을 너무 참고하진 맙시다."

나는 원료를 선택하는 데 있어 마음에 두고 있는 기준점이 있었다. '친숙함'이었다. 달콤한 감자칩은 낯선 콘셉트이지만, 모든 것이 낯설기만 해선 고객의 마음을 사로잡을 수 없다. 그러자면 기존의 제과업계에서 거의 채택하지 않았으면서 사람들 입맛에는 친숙해야 했고, 여기에 덧붙여 최근의 맛이나 건강 트렌드에도 맞는 원료여야 했다. 나는 이런 생각을 하며 근본적인 질문을 던졌다.

"그렇다면 우리는 어디서 친숙함을 찾아야 할까요?"

누군가가 작은 목소리로 대답했다.

"추억 아닐까요."

추억이라…. 정말 그랬다. 어떤 작가는 헤어진 뒤 연인이 자신을 잊지 못하게 하려면, 함께 음악을 들으라고 했다. 한때 즐겨 듣던 노래를 다시 듣는다는 것은, 그 노래를 듣던 시절을 함께 소환하는 일이다. 주변의 물질을 끌고 오는 자석의 자기력처럼, 한 곡의 노래는 그 노래에 얽힌 수많은 추억을 끌고 온다.

맛도 음악과 비슷하다. 복날마다 어머니가 만들어주셨던 닭백숙, 졸업식 때 아버지가 사주신 짜장면, 첫사랑과 길에서 사먹었던 붕어빵…. 식당의 조리사가 해주는 음식이나 대량생산된 식품을 먹을 때조차, 우리는 그 음식과 연관된 사람을 떠올리며 추억에 젖곤 한다.

내가 몇 년 전부터 한국의 전통 식재료를 사용한 과자에 관심을 가지게 된 것도 '음식은 추억'이라는 생각이 은연중에 있었기 때문일지 모른다. 떡, 유과, 약과, 깨…. 오래전부터 그 맥을 이어온 전통 식품들은 자연스럽게 향수를 불러일으킨다.

문제는 익숙하면서도 우수한 전통 식재료를 이질감 없이 과자로 재탄생시키는 것이다. 쌀로 만든 스틱에 단맛을 코팅한 과자, 깨를 이용한 과자 등 몇 가지 아이디어가 있었지만 처음 우리가 선택한 것은 인절미 스낵, 바로 '구운 인절미'였다. 그러나 구운 인절미는 개발 단계에서부터 난관의 연속이었다. 형태가 인절미와 비슷하면 조직감이 떨어지고, 조직감이 좋으면 맛이 없고, 조직감과 맛이 양호하면 형태가 이상해지는 일이 반복되었다.

개발부터 출시까지 무려 3년이 걸린 구운 인절미는 빅히트를 하지는 못했지만, 고객층을 넓혀가며 꾸준히 인기를 끌고 있다. 나이든 사람들은 나이든 사람들대로, 젊은이는 젊은이대로, 각각 음식에 서려 있는 추억이 다를 것이다. 하지만 추억은 제 각각이라도 전통 식품은 추억을 판다는 공통점을 갖고 있다. 구운 인절미의 인기 또한 전통 식품이 주는 친근감이 호감을 불러일으킨 결과였다.

"달콤한 감자칩에 전통 식재료를 사용해보는 건 어떨까요?"

'추억'이란 단어 때문이었을까, 누군가 나와 비슷한 생각을 말했다.

"그거 괜찮네요. 전통 식재료라면 전에도 좋은 성과를 거뒀던 적이 있으니 우리에게 노하우도 있고요."

"에이, 그건 구운 인절미나 그랬죠. '꿀캔디' 기억 안 나세요?"

그러고 보니 전통 식재료를 원료로 한 또 다른 제품으로 꿀캔디도 있었다. 99퍼센트 꿀로 만들어진 꿀캔디는 단것은 몸에 나쁘다는 편견을 깨는 제품이었음에도 불구하고 출시에 이르지 못했다. 사탕이 단 것은 당연하지만 꿀 한 숟가락을 통째로 입에 넣은 것 같은 꿀캔디는 달아도 너무 달았던 것이다. 친숙함, 추억, 전통 식재료, 꿀캔디에 이르기까지 꼬리에 꼬리를 물던 생각은 그렇게 하나의 원료로 귀결되었다.

　"꿀은 어때요?"

　내 말에 직원들은 잠깐 생각을 하더니 곧 의견을 내기 시작했다.

　"우리가 몇 년 동안 고민해온 전통 식재료의 연장선 상에 있다는 게 좋은데요."

　"그동안 과자에 별로 사용된 적도 없고, 사람들에게도 친숙하고요."

　"단맛을 내면서도 몸에 좋은 재료라 최근의 소비 패턴과도 잘 맞겠네요."

　꿀은 '전통 식재료와 과자의 접목'이라는 주제와 맞아떨어지면서, 건강에 관심이 많아진 요즘의 트렌드를 잘 반영한 원료였다. 잘만 하면 꿀을 재발견하는 계기가 될 수도 있을 것 같았다. 기나긴 고민과 지리한 공방 끝에 드디어 신제품의 핵심 재료를 찾아내는 순간이었다.

　이후 실시한 고객 서베이Consumer Survey에서 '단맛에 대한 선호도'를 묻는 질문에 가장 많은 답변으로 '꿀'이 나오면서, 주요 원료는 꿀로 확정되었다. 달콤한 감자칩은 낯선 아이템이지만, 오래전부터 전통 다과를 먹어온 한국인들에게 꿀은 가장 익숙한 단맛일 수 있었다. 이 결과를 바탕으로 연구소에서는 수십 번의 실험을 거쳐 아카시아 꿀을 최종 원료로 선택했다. 여러 가지 꿀 중에서 가장 맛이 좋기도 하지만, 기존 식품 성분들과도 두루 잘 어울려 감자칩에 사용해도 전혀 손색이 없었다.

단맛이라는 큰 틀과 방향을 잡고 난 뒤, 우리는 조인트 벤처Joint Venture를 맺고 있는 일본 가루비 사에 연락해 신제품 개발에 참고가 될 만한 제품들을 요청했다. 그리고 또 한 번 시식회와 마라톤 회의를 거쳐 가루비 사의 다양한 감자칩 중 '시아와세 버터칩'에서 영감을 받아 버터를 또 하나의 원료로 최종 채택했다.

단계별로 즐기는
오감 만족 감자의 맛

감자칩이 줄 수 있는 가치

'브랜드 매니저^{Brand Manager}'는 한마디로 브랜드를 관리하는 사람, 마케팅 전략가다. 이렇게 말하면 간단한 것처럼 들리지만, 실제로 브랜드 매니저의 역할은 광범위하고 포괄적이다. 신제품 개발을 위해 내·외부 환경을 분석하는 일을 시작으로, 제품 포지셔닝과 프로모션 준비, 제품 관리와 유통 관리 등 제품의 전반적인 사항을 속속들이 파악하고 총괄해야 한다. 그만큼 막중한 역할을 해내야 하는 어려운 자리다.

달콤한 감자칩이라는 콘셉트의 윤곽이 드러난 다음부터, 브랜드 매니저인 윤 대리는 매일같이 컴퓨터 앞에 앉아 무언가를 썼다 지우길 반복하고 있었다. 파일 상단에는 큰 글씨로 '마케팅 기획서'라고 적혀 있었다.

'아, 대체 뭘 어떻게 써야 하는 거지?'

윤 대리는 두툼한 마케팅 책들에 밑줄을 긋고 모니터를 뚫어져라 쳐다보다가 손바닥에 얼굴을 파묻었다. 그래도 아이디어가 떠오르지 않자 멍하니 허공을 쳐다보면서 기획서를 어떻게 채워나갈지 고심했다. 지금 보고 있는 기획서가 몇 번째 수정인지 기억조차 나지 않았다.

신제품을 만드는 일은 결코 주먹구구식으로 이루어지지 않는다. 체계적이고 명확한 계획 아래, 전 부서가 개발에서부터 출시에 이르기까지 일사불란하게 달려나가는 일이다. 그리고 그 모든 계획이 녹아 있는 것이 마케팅 기획서이니만큼, 잘 만든 마케팅 기획서 하나가 신제품의 성패를 가늠케 한다고 해도 과언이 아니었다. 좋은 마케팅 기획서란, 핵심이 녹아 있는 말로 직원들을 신속하고 정확하게 움직이게 만드는 믿음직한 지휘자이자 선장이어야 했다.

몇 주 전 그가 파워포인트로 호기롭게 작성한 첫 번째 기획서는 그야말로 멋들어지고 화려했다. 색색의 도표들과 브랜드 매니저로서의 포부가 느껴지는 문장들. 하지만 상사에게 의기양양하게 내민 그 기획서는 참담한 평가와 함께 되돌아왔다.

"지나치게 멋지고 쓸데없이 화려하군. 다시 쓰게. 짧고 간결하게, 한 페이지로!"

윤 대리가 생각하는 좋은 마케팅 기획서와 상사가 생각하는 그것은 완벽하게 상반되는 것이었다. 윤 대리는 마케팅 기획서 하나로 제품에 관한 모든 것을 상세하게 알 수 있어야 한다고 믿었지만, 상사가 원하는 것은 군더더기 없는 핵심이었다. 어차피 이 프로젝트에 관여하는 사람들은 제품에 대한 기본적인 정보를 갖고 있다. 지나치게 친절할 필요도, 구구절절 사족을 달 이유도 없었다.

핵심만 녹아 있는 간결한 기획서를 만드는 일은 파워포인트를 이용해 화려하게 작성하는 것보다 훨씬 어려웠다. 처음의 자신감을 모두 잃어버리고 몇 날 며칠 야근을 하며 스트레스와 싸우던 윤 대리는 마침내 하고 싶은 말을 줄이고 줄여 한 장짜리 마케팅 기획서를 작성했다. 하지만 어렵사리 만든 두 번째 마케팅 기획서 역시 또 한 번의 혹평과 함께 윤 대리의 책상으로 되돌아왔다.

"내용의 분량을 줄이랬지, 내용의 질까지 줄이랬나. 고민의 흔적이 안 보이잖아. 특히 이 부분, 밸류 프로포지션Value Proposition!"

밸류 프로포지션이란 쉽게 말해 '고객이 제품을 통해 얻는 가치'였다. 고객이 투자한 비용보다 더 큰 효용을 주어야만 그 제품은 고객에게 구매의 가치를 안겨줄 수 있다. 1,500원짜리 감자칩이라면 1,500원 이상의 만족감을 줘야 하는 것이다. 수치화시키면 단순한 문제지만, 이것을 마케팅으로 구체화하는 것은 어려운 문제였다.

'달콤한 감자칩이 고객에게 주는 가치는 무엇일까?'

윤 대리의 머릿속은 온통 이 질문으로 가득 차 있었다. 그리고 이 고민은 그 후로도 한참을 더 윤 대리를 괴롭히는 편두통의 원인이 되었다.

마케팅 기획서

1. 제품명: 허니버터칩

2. 콘셉트: 달콤한 꿀과 고소한 버터 맛의 생감자칩

3. 마케팅 계획

1 환경 분석

내부 환경	외부 환경

2 STP

Segmentation	Targeting	Positioning

3 고객의 핵심 가치 Value Proposition

4 4P MIX

Product	Price	Place	Promotion

최고의 맛을 찾아서

프라이어^{Fryer}(튀김을 만드는 데 쓰는 조리 도구)와 가스레인지가 뿜어내는 열기가 실험실을 뜨겁게 달궜다. 달콤한 감자칩의 담당 연구원인 조 대리는 몇 시간째 그 열기 속에서 땀을 뻘뻘 흘리고 있었다. 조리대에는 어젯밤부터 손수 깎아놓은 감자들이 산더미처럼 쌓여 있었고, 선반 위에는 작은 유리병에 담긴 수십 가지의 시즈닝^{Seasoning}이 놓여 있었다.

감자의 껍질을 벗기고, 얇게 썰고, 튀겨서 칩을 만들고, 시즈닝을 배합하고, 칩에 입히고, 맛을 보고, 기록하고, 다시 첫 단계로 돌아가 다른 감자의 껍질을 벗기는 것. 이것이 요즘 조 대리가 온종일 반복하는 일이었다.

조 대리는 방금 만든 과자를 한입 베어물었다. 튀긴 지 얼마 되지 않은 따뜻하고 바삭바삭한 과자가 입천장에 닿자 자신도 모르게 신음소리가 나왔다.

"흐으…"

조 대리는 과자를 삼킨 뒤 혀

로 입천장을 건드려보았다. 껍질이 벗겨지고 헐어버린 입천장에서 따끔한 통증이 느껴졌다.

신제품 연구가 시작되고 매일 샘플을 맛보다 보면, 입안이 허는 것은 연구원들에게 흔한 일이었다. 통증도 통증이었지만, 더 큰 문제는 둔해진 미각이었다. 통증이 생기면 맛을 인지하지 못하고, 맛을 인지하지 못하면 복잡하고 미묘한 맛의 미로에서 길을 잃는 것은 순식간이었다.

'오늘은 그만해야 할까?'

통증 때문에 맛을 느낄 수 없으니, 집에 가서 쉬는 게 나을지 모른다. 게다가 입안의 통증만이 문제가 아니었다. 아까부터 속쓰림이 점점 심해지고 있었다. 그는 소용없는 줄 알면서도 괜히 윗배를 문질렀다. 단것을 많이 먹다 보니, 속이 니글거려서 저녁을 거르는 일이 예사였다. 빈속에 단것을 먹으면 더 니글거릴 줄 알면서도, 도저히 밥이 먹히지 않았다.

조 대리는 시계를 보았다. 벌써 밤 10시가 가까워져 있었다. 그는 복도 쪽으로 난 문을 활짝 열었다. 다들 퇴근했는지 다른 연구실에서는 아무 소리도 들리지 않았다. 이런 일이 하루 이틀도 아닌데, 한밤의 적막한 연구소가 문득 낯설었다.

"맛을 섞는 것도 1+2=3처럼 딱 떨어지는 거라면 얼마나 좋을까…."

그는 조리대를 정리하며 괜한 소리를 중얼거려보았다. 하지만 맛을 개발한다는 것은 수학처럼 분명한 공식이 정해져 있지도, 정확한 예측이 가능하지도 않다는 것을 그는 누구보다 잘 알고 있었다. 산술적으로 생각하면 이것과 저것이 섞여 예상한 맛이 나와야 하지만, 수십 가지 원료가 만들어내는 다양성과 예측하지 못할 변수에 따라 전혀 엉뚱한 것이 나오는 경우가 태반이었다.

시즈닝을 어떻게 섞느냐, 그 시즈닝을 얼마나 넣느냐.

얼핏 간단해보이는 이 두 가지 일은 여러 가지 경우의 수를 가지고 있었다. 조합과 함량에 따라 은근히 드러내려던 맛이 아예 죽어버리는가 하면, 예기치 못한 맛의 패턴이 튀어나오기도 했다. 기존 감자칩은 최적화된 짠맛을 찾아 그것만 강조하면 됐지만, 이번 신제품은 단맛, 짠맛, 고소한 맛이 들어가면서 열 가지가 넘는 시즈닝의 밸런스를 다 맞추어야 했다. 단맛과 짠맛은 상극인 탓에 단맛이 올라가면 짠맛이 죽고, 짠맛이 튀면 단맛이 사라지는 현상의 반복이었다.

조 대리는 연구원이란 실패에 익숙해지는 직업일지도 모르 겠다는 생각을 했다. 맛의 미로에서 길을 잃지 않으려면 순간순 간의 실패를 예견하면서도 실험을 거듭하고, 자신이 가진 지식 과 경험을 총동원해 더듬더듬 앞으로 나아가는 수밖에 없었다.

게다가 달콤한 감자칩 프로젝트에서 조 대리가 고민해야 할 사항은 단맛과 짠맛의 조화만이 아니었다. 그는 본사에 다녀온 최 팀장이 오늘 낮에 했던 이야기를 떠올렸다.

"샘플을 갖고 본사에 갔더니 대표님이 좀 이상한 말씀을 하 시는 거야."

"뭐라고 하셨는데요?"

"그게, 와인이 어쩌고 프랑스 마을이 어쩌고 그런 이야기였 는데. 아무튼 와인처럼 먹을 수 있는 감자칩을 만들자고 하시 더라고."

정확한 의중은 몰라도 아마 단맛과 짠맛이 어우러지는 정도 로는 성에 안 찰 듯 싶었다. 조 대리는 연구실을 나서며 한숨 섞 인 목소리로 중얼거렸다.

"와인처럼 먹는 감자칩이라니, 산 넘어 산이군."

감자칩, 《신의 물방울》을 꿈꾸다

내 앞에는 연구소에서 가져온 샘플 봉투가 놓여 있었다. 봉투를 뜯은 뒤 감자칩 하나를 베어물며 지그시 눈을 감았다. 감자칩이 부서지는 것과 동시에 첫맛이 입안을 휘감았다. 첫맛의 느낌을 잊지 않으려고 애쓰며 천천히 감자칩을 씹었지만, 급속히 단맛이 사라지며 짠맛이 치고 올라왔다. 산산이 부서진 감자칩을 삼키며 나는 고개를 가로저었다.

'아, 이게 아닌데….'

내가 상상하는 맛은 각 단계마다 여운이 훨씬 길었다. 각각의 맛이 사라지는 듯 꼬리를 물며 조화를 이루고, 맛이 변할 때마다 그 맛에 어울리는 이미지가 떠올라야 했다. 예를 들자면… 특색 있는 와인을 마실 때처럼.

나는 샘플 봉투를 테이블 한쪽으로 밀어냈다. 밀려난 봉투 옆에는 책이 한 권 놓여 있었다. 샘플 시식을 하기 전까지 읽고 있던《신의 물방울》이었다. 2005년 1권이 출간된 이후 10년 뒤 44권으로 완결된 그 만화를 나는 한 권도 빼놓지 않고 보유하고 있었다.

시가 수십억 원을 호가하는 와인 셀렉션을 남기고 죽은 일본 최고의 와인평론가 칸자키 유타카. 그는 자신이 모은 열두 가지 와인의 생산연도와 원산지 그리고 신의 물방울이라 불리는 궁극의 와인을 맞추는 사람에게 전 재산을 물려주겠다는 유언을 남긴다. 그리고 와인 셀렉션과 유산을 놓고 그의 친아들인 칸자키 시즈쿠와 양아들인 토미네 잇세가 대결을 펼친다.

두 남자의 대결, 그 속에서 싹트는 욕망과 사랑, 서서히 드러나는 비밀…. 줄거리만 놓고 보면, 친숙하다 못해 흔한 이야기였다. 하지만 흡입력 있는 스토리와 와인에 관한 해박한 지식이 자연스럽게 어우러져 있는 덕분에, 책을 읽다 보면 프랑스, 이탈리아, 칠레, 미국, 호주 등 다양한 나라에서 생산된 와인에 대한 정보를 저절로 익힐 수 있었다.

엄청난 판매고를 올렸던 이 초대형 베스트셀러는 우리나라에 와인 열풍을 불러일으켰다. 동네마다 와인 매장과 와인 바가 들어섰고, 와인 동호회에서는《신의 물방울》에 나온 와인을 먹어보고 맛 감상을 써서 올리는 일이 유행처럼 번져갔다.

일부 사람들만 즐기는 고급 술로 인식되던 와인이 대중화되면서, 사람들은 술을 마시는 새로운 방법을 알게 되었다. 소믈리에나 와인 전문가가 아니더라도 와인을 받으면 향부터 맡았고, 소주나 맥주를 들이킬 때와는 달리 입안에 머금고 알싸한 맛을 느꼈다.

나도 처음 이 책을 읽고 나서 한동안은 와인을 자주 마셨다. 정말 책에 나온 묘사대로 맛이 느껴지나 안 느껴지나, 혼자만의 실험을 해보기도 했다. 내 성화에 우리 회사에는 이 책을 안 읽은 직원이 없을 정도였다. 한창 책 내용에 빠져 있을 때는 회사 행사에서 《신의 물방울》에 관한 퀴즈를 내 경품을 준 적도 있다. 가장 난이도가 높았던 최종 문제는 이것이었다.

'신의 물방울에 나온 남자주인공 토미네 잇세는 배용준을 모델로 삼아 만든 캐릭터다. O X'(궁금해할 독자들을 위해 정답을 밝히자면 답은 O)

제과업체 대표지만 나는 과자뿐 아니라 다양한 음식과 식문화에 대해 알아가는 것을 좋아한다. 와인을 소재로 한 《신의 물방울》 외에도 스시를 다룬 《미스터 초밥왕》, 작은 밥집에서 일어나는 일을 그린《심야식당》, 한국의 음식을 재발견하게 해준《식객》, 기차에서 먹는 도시락을 소재로 한《에키벤》등 내가 재미있게 읽은 만화책들은 거의 음식에 관한 이야기들을 담고 있었다.

하지만 신제품 개발을 앞둔 이 바쁜 시기에 내가 군이《신의 물방울》을 다시 펼쳐든 이유는 따로 있었다. 나는 책갈피로 표시해둔 페이지를 펼쳤다. 와인 맛을 묘사한 대목이었다.

'1995년산 본 로마네 에세조: 프레시한 아로마 그리고 서양의 허브. 상쾌하고 우아하다. 금발의 귀부인이 산들바람을 맞으며 서 있는 모습. 클레드 모네의 〈산보, 파라솔을 든 여인〉이다.'

'1995년산 클로 드 부조: 노래가 들린다. 검고 풍부한 대지에 울려퍼지는 힘찬 목소리, 디바의 노랫소리가. 이것은 어머니 같은 대지를 방불케 하는 와인이다.'

－《신의 물방울》13권 중에서

나는 그 대목을 반복해서 읽으며 생각했다.

'와인만 이렇게 마시라는 법 있나? 감자칩을 먹을 때도 비슷한 과정을 거쳐 맛을 음미할 수 있지 않을까?'

감자칩 봉투를 뜯는 순간 프랑스산 고메버터의 향이 흩뿌려진다. 이때 떠오르는 풍경은 프랑스 중에서도 남부, 남부 중에서도 마르세유 정도라고 하자. 달콤한 첫맛에서 마르세유의 평화롭고 낭만적인 마을이 떠오르고, 씹으면 씹을수록 고소해지는 두 번째 맛에서 지중해의 부드러운 바람이 느껴지며, 은근히 올라오는 짠맛에서 짭쪼름한 바다 냄새가 밀려온다. 아, 이것은 그림으로 치면 폴 세잔의 〈에스타크-마르세유의 골프만〉이 아닌가!

그러자면 이것은 오감을 만족시키는 감자칩이 되어야 한다. 봉지를 열어 향을 맡고, 손가락으로 집어 노릇노릇한 색깔을 보고, 베어물면서 바삭바삭한 식감을 느끼고, 씹으면서 칩이 부서지는 청량한 소리를 듣고, 목으로 넘기는 순간의 끝맛까지 음미할 수 있는 과자. 이렇게 후각, 시각, 촉각, 청각, 미각을 차례로 자극하는 감자칩.

기왕 새로운 시도를 하는 거라면, 완벽히 새로워야 한다. 나는 달콤한 감자칩에 새로운 콘셉트를 덧붙였다. 바로 '단계별로 맛을 느끼는 감자칩' '오감을 만족시키는 감자칩'이었다.

　이것은 그때까지 조 대리가 해결하지 못하고 있던 마케팅 기획서의 밸류 프로포지션을 충족시키는 콘셉트이기도 했다. 비록 1,500원짜리 감자칩에 불과하지만 만 원 이상의 금액으로 구매해야 하는 와인과 똑같은 효과를 누릴 수 있게 만드는 것. 그러자면 단맛과 짠맛이 함께 들어간다는 것만으로는 부족했다. 와인처럼 맛의 여운이 길어야 했고, 와인 테이스팅을 할 때처럼 각 단계를 충분히 음미할 수 있어야 했다.

95점짜리
감자칩

고객은 언제나 옳다

신제품을 개발할 때 가장 먼저 해야 할 일은 시장 동향을 분석하는 것이다. 이 결과를 토대로 아이템을 선정하고 콘셉트를 잡는다. 대략의 콘셉트가 나오면 마케팅 기획서를 작성하고 시제품을 제작한다. 그러고 나면 몇 차례의 고객 서베이가 이어지는데, 이 절차는 시장에서의 제품 적합성을 검증하기 위해 꼭 필요한 과정이다.

담당 연구원인 조 대리는 시제품을 완성한 후 고객 서베이 결과를 초조하게 기다리고 있었다. 본사에서 내려온 '단계별로 맛을 느끼는 감자칩' '오감을 만족시키는 감자칩'이란 콘셉트에 맞춰 달콤한 감자칩의 시즈닝을 배합했던 시간들이 아득하게 느껴졌다. 그전까지 조 대리를 비롯한 연구원들은 과자라는 게 맛있으면 좋고 건강에도 좋으면 최고라 생각했다. 과자 봉지를 뜯는 순간부터가 시식의 시작이며 과자를 다 삼키기까지 미각의 즐거움을 유지시켜야 한다는 인식은 베테랑 연구원들에게도 낯선 것이었다.

밸류 프로포지션에 관한 지침이 내려온 뒤, 조 대리는 자신의 머릿속을 포맷한다는 각오로 신제품 개발에 착수했다. 과자 봉지를 뜯는 순간 코를 킁킁대는 것은 기본이었고, 감자칩을 집어 질감을 느끼고, 씹는 소리를 녹음해보는 등 그동안 전혀 시도해보지 않았던 과정을 수없이 거쳤다. 누구에게 들어본 적도, 어디서 배워본 적도 없는 방법을 스스로 생각해내, 그야말로 없던 길을 만든 것이다. 그러기를 수백 번, 마침내 본사가 제시한 콘셉트에 가장 근접한 감자칩을 완성할 수 있었다.

최선을 다했음에도 불구하고 조 대리는 고객의 반응을 자신할 수 없었다. 기존의 감자칩과 전혀 다른 맛을 가진 과자이다 보니 어렴풋하게라도 결과를 예상하기가 어려웠다. 고객 서베이야 한두 번 겪어본 일도 아니고 평가 결과에 상처받을 단계도 지나긴 했지만, 많은 공을 들인 제품이니만큼 결과를 기다리는 일이 초조했다.

한편 고객 서베이를 진행하는 현장 분위기는 대체로 활발한 편이었다.

"자, 공짜로 과자를 드립니다. 맛있게 드시고 소감 한마디씩만 적어주시면 됩니다. 이쪽으로 오셔서 줄을 서세요."

정성적定性的 조사를 할 때는 미리 대상자를 섭외하지만, 정량적定量的 조사를 할 때에는 불특정 다수를 상대로 실시한다. 이때에는 대부분 거리조사를 하게 되는데 날씨가 추우면 추워서, 더우면 더워서, 협조를 얻기가 힘들다. 특히 눈이나 비가 오는 날이면 웬만큼 마음 좋은 사람이 아니고서는 조사에 응해주지 않는다. 악천후 속에서 보고 시간은 다가오고 조사는 더딜 때, 직원들의 마음은 초조하기만 하다.

조사 대상은 어린이부터 일반인까지 다양하다. 어린이들은 함께 제공되는 간식 덕분인지 조사를 놀이처럼 즐거워하는 특징이 있다. 물론 개중에 조사는 뒷전이고, 간식에만 관심을 보이는 아이들도 있다.

어쨌든 대상자들이 즐거우니 조사를 진행하는 직원들도 저절로 아빠 미소, 엄마 미소를 짓게 된다. 하지만 안타깝게도 이 귀여운 고객들에게서는 정확한 조사 결과를 얻기 힘들다. 친구가 하는 말에 따라 의견이 한쪽으로 편중되는가 하면, 심지어 과자는 다 좋다면서 무조건 만점을 주기도 하기 때문이다.

한창 자랄 나이인 중학생, 고등학생들은 먹어도 먹어도 배가 고프다. 그래서 중학교, 고등학교 앞에서 조사를 할 때는 다른 때보다 샘플을 넉넉하게 챙겨가 남는 것도 몽땅 주고 와야 한다. 그런가 하면 대학에서 식품을 전공하는 학생들을 대상으로 조사를 할 때는 상담까지 해줄 각오를 해야 한다. 제과회사 취업에 대해 궁금해하는 학생들이 많기 때문이다. 여대 앞에서 조사할 경우에는 젊고 잘생긴 남자직원을 보내면 좀 더 적극적인 반응을 얻을 수 있다.

매번 나름대로의 고충을 안고 진행되는 고객 서베이 가운데서도 특히 중요한 것이 초기 조사다. 그 이전의 개발이 연구소의 관점에서 이루어졌다면, 이때부터는 고객의 관점을 반영하고 고객의 입장에서 개선점을 찾기 때문이다. 즉, 제품 개발에 있어 관점의 변화가 오는 때가 바로 이 시점이다.

달콤한 감자칩은 일반적인 고객 서베이보다 훨씬 더 큰 규모로, 훨씬 긴 시간에 걸쳐 광범위하게 조사를 진행했다. 정성적 조사의 각 항목을 더 까다롭게 만들기도 했거니와, 특히 정량적 조사를 할 때는 고객 수 자체를 일반적인 조사 때보다 2배 정도 많이 잡았다. 새로운 맛이라 기준점이 없는 만큼 좀 더 객관화된 지표가 필요했기 때문이다.

그렇게 몇 번의 서베이를 거친 뒤 본사와 연구소는 예상하지 못했던 사실을 몇 가지 알게 되었다. 가장 의외였던 것은 어린 고객이나 여성 고객이 단맛을 좋아할 거라는 생각이 보기 좋게 깨진 것이었다. 오히려 높은 연령대가 단맛에 관대했으며, 특히 (30대를 제외한) 전 연령대의 남성들이 비교적 단맛에 후한 평가를 내려주었다.

서베이 결과를 받아든 조 대리는 달콤한 감자칩을 전 연령대로 확산시킬 수 있겠다는 자신감을 가질 수 있었다. 다만 기대에 못 미치는 젊은 층의 호응을 얻기 위해 어떤 부분을 보완해야 하는지는 숙제로 남았다.

'젊은 층은 아무래도 느끼한 맛을 더 좋아하니까… 버터 맛을 좀 더 가미해 고소함과 느끼함 사이를 절묘하게 오갈 필요가 있겠군.'

조 대리는 시제품의 맛을 수정, 보완하는 작업에 돌입했다.

매번 고객 서베이를 거치다 보면 '고객이 답'이라는 생각이 분명해진다. 내부에서 머리를 싸매고 고민할 때는 안개에 휩싸인 듯 희뿌옇게 보이던 사실들도, 고객 서베이를 한 뒤 비로소 명쾌해질 때가 많다. 전문가라고 해서 모든 것을 알 수는 없다. 아니, 오히려 전문가이기 때문에 대중의 생각을 읽지 못하고, 완전히 동떨어진 생각을 할 때도 있다. 그야말로 전문가의 함정이 아닐 수 없다.

그 맛을 재현하라

"이번에도 쉽지 않겠는데."

최 팀장의 얼굴에 난감한 기색이 어렸다. 묵묵히 기계를 닦고 있는 조 대리도 심각한 표정이었다. 두 사람이 있는 곳은 감자 칩을 생산하는 문막 공장이었다. 최 팀장과 조 대리는 한 달째 공장 기계 앞에서 끙끙대는 중이었다. 예정했던 공장 테스트 기간이 한참 지났지만, 실험실에서 개발한 맛이 공장에서 재현되기 전까지는 서울로 올라갈 수가 없었다.

시즈닝 배합에 성공했다는 기쁨도 잠시, 이들에게는 더 큰 난관이 기다리고 있었다. 연구실에서 맛의 밸런스를 맞추고 나면, 마지막 관문은 공장이었다. 수십 가지 원료의 영향과 변수를 예측하며 맛을 만드는 것도 어려운 일이지만, 그보다 더 어려운 일은 그렇게 만든 제품을 공장에서 똑같이 재현하는 것이었다.

생각하지 않으려 해도 최 팀장의 머릿속에선 자꾸 비스킷 '아이비' 때의 악몽이 되살아났다. 최 팀장은 머리를 절레절레 흔들었다. 생각하고 싶지도 않은 경험이었다.

공장에서의 마지막 단계는 거의 항상 애를 먹이기 마련이지만, 공장 기계 앞에서 장장 6개월을 끙끙거렸던 아이비는 수많은 제품 중에서도 가장 재현이 어려웠던 제품이었다. 됐다가 안 됐다가 제멋대로 달라지는 맛을 바로

잡기 위해, 그 당시 최 팀장은 꿈속에서도 공장 기계 앞을 떠나지 못했다. 일반인들은 연구실에서 만든 과자를 공장에서 똑같이 찍어낼 수 있다고 생각하지만, 그것은 실상을 한참 모르는 소리였다.

"이거 봐, 또 잔뜩 뭉쳤구면."

최 팀장은 기계에서 시즈닝 덩어리를 끄집어냈다. 그것이 이번 신제품 재현의 가장 큰 문제였다.

실험실에서는 슬라이스한 감자를 오븐에 넣고 튀긴 후 시즈닝을 입히면 그만이다. 하지만 공장에서는 작업자가 불량을 선별하는 트리밍Trimming 공정을 제외하면, 기능과 생김이 다른 여러 대의 기계가 모든 생산 과정을 대신한다.

그런데 어느 공정에서 일어나는 일인지는 몰라도 끈적끈적한 꿀과 기름진 버터가 엉겨붙으면서 시즈닝이 덩어리지고, 그 덩어리가 컨베이어 벨트를 따라 돌아다니는 것이었다. 어찌 보면 연구실에서와는 전혀 다른 시스템에서 똑같은 맛을 만들어낸다는 게 더 놀라운 일일지 몰랐다. 결국 개발에 성공한다는 것은 연구원이 타깃으로 잡은 맛이 공장의 기계에서 똑같이 재현된다는 뜻이었다. 이 마지막 관문을 통과하지 못하면 연구실에서 제 아무리 좋은 과자를 만들었어도 절반의 성공, 미완의 제품에 불과했다.

'어떻게든 해내야 한다.'

조 대리는 절박했다. 어떻게 만들어낸 감자칩이란 말인가. 새로운 맛의 비율을 맞추기 위해 입천장이 다 헐도록 연구에 몰두했던 일, 새로운 맛을 위해 종전과 완전히 다른 방식의 실험을 했던 일….

문막에 내려와서는 또 어땠던가. 아무리 샤워를 해도 온몸에 밴 꿀 냄새와 버터 향은 가시지 않았고, 출장이 장기화되면서 여벌 옷도 없었다. 휴가철 강원도에 숙소가 없어 밤늦게까지 헤매다 어렵사리 낡고 오래된 모텔을 잡아 투숙했던 날도 있었다. 다음날 아침에 눈을 떴을 땐, 벗어놓은 작업복에서 풍기는 달달한 시즈닝 냄새에 개미떼들이 새까맣게 몰려 있었다. 하지만 재현만 된다면, 이 모든 해프닝에 대해서는 웃으면서 이야기할 수 있을 것이었다.

맛을 맞춰가는 과정은 항상 출구가 보이지 않는 어둠 속을 헤매는 일이었지만, 여러 원료가 들어가는 달콤한 감자칩은 특히 더 그랬다. 영업부, 마케팅부에서 쏟아내는 각기 다른 의견을 수용하다 보면, 애써 걸어가던 길을 되돌아오거나 아예 원점에서 다시 시작해야 하는 경우도 잦았다. 고객 서베이에서도 의견은 다양하게 갈렸다. 맛이 괜찮다는 사람이 있는가 하면, 지나치게 달다는 사람도 있었다. 고소해서 좋다는 사람이 있는가 하면, 느끼해서 싫다는 사람도 있었다. 주관적인 맛을 객관적으로 분석하고 반영하는 과정에서, 연구소 사람들은 마음고생도 참 많이 했다.

담당 연구원은 기준치가 높은 만큼 시제품의 점수에 인색한 편이다. 그럼에도 불구하고 본사 의견은 물론 고객 서베이 결과까지 반영한 달콤한 감자칩은 조 대리에게 유난히 만족도가 높은 제품이었다. 달콤한 감자칩이 연구소를 떠날 때 그가 매긴 점수는 95점이었다.

'답정너'는 있어도
'답정품'은 없다

버터 위의 꿀감자? 꿀 먹은 버터칩?

고객 서베이를 거쳐 신제품의 맛이 완성되고 그 맛을 공장에서 재현하는 데도 성공하자, 나는 달콤한 감자칩에 점점 큰 관심을 기울이게 되었다. 신제품이 출시됐다가도 곧 실망스러운 결과를 내며 시장에서 사라지는 일들이 비일비재했지만, 어쩐지 '이번만큼은 다르지 않을까' 하는 막연한 기대감이 들었다.

'이 제품만큼 파격적인 시도를 해온 제품은 없었잖아.'

달콤한 감자칩은 콘셉트부터 시즈닝까지 독특하고 색다른 제품이었다. 기왕 새롭게 한 거, 나는 남은 과정에서도 틀에 얽매이지 않을 생각이었다. 하지만 신제품 네이밍 회의에 들어갔을 때 사람들은 기존의 네이밍 방식을 고수하는 보수파와 새 이름을 짓자는 진보파로 나뉘어 있었고, 양쪽에서도 보수파가 좀 더 우세한 상황이었다.

"'생생칩 허니버터맛'으로 해야죠. 우리 회사뿐 아니라 제과업계가 항상 이렇게 대표 감자칩 이름에 'ㅇㅇ맛'이란 부제를 달아서 제품 이름을 지어왔잖아요. 생생칩이 우리 대표 감자칩인데, 이걸 버리는 게 말이 됩니까?"

"기껏 새로운 맛을 개발해놓고, 이름은 예전 브랜드를 가져가다니요. 조금 모험을 하더라도 저는 완전히 새롭게 가보면 좋겠습니다."

막 자식을 낳은 부모들이 머리를 싸매고 아이의 이름을 고민하는 이유는 이름이 인생을 좌우하리란 생각 때문이다. 이름에는 그만큼 막강한 힘이 있다. 사람이든 제품이든 이름은 대상의 운명을 가를 수도 있고, 속성을 결정할 수도 있다. 그런 면에서 생생칩 허니버터맛으로 가느냐 완전히 새로운 이름으로 가느냐

하는 문제는 무척 중요했다. 바꿔 말하면 인지도가 있는 기존 제품의 일환으로 포지셔닝해 안전하게 갈 것이냐, 기존 제품의 후광을 벗고 맨땅에 헤딩해 새 시장을 뚫을 것이냐를 선택하는 것이었다.

브랜드 이름에 맛을 붙이는 네이밍 방식은 제과업계의 오랜 관례였다. 우리 또한 감자칩으로 신제품을 출시할 때마다 그렇게 해왔다. '생생칩 콘소메맛' '생생칩 후렌치샐러드맛' '생생칩 피자맛'…. 그러니 이번에도 같은 전략으로 나가자는 이야기가 호응을 얻는 것은 당연한 일이었다.

"우리한테야 생생칩이 대표 브랜드지, 고객한테는 그냥 널리고 널린 감자칩 중 하나 아닙니까?"

누군가 툭 던진 한마디에 사람들은 잠시 조용해졌다. 가슴 아픈 이야기이지만 우리 회사의 생생칩은 경쟁업체의 감자칩들에 비해 인지도도, 판매량도 현저히 떨어지는 게 현실이었다. 어쩌면 이런 상황에서 생생칩이란 브랜드를 고집하는 것은 일찌감치 신제품의 한계를 규정짓는 일이 될 수도 있었다.

"그것도 그거지만, 새 술은 새 부대에 담아야 하지 않겠습니까? 여러 사람들이 공들여서 완전히 새로운 제품을 만들어냈는데, 기왕이면 이름도 새롭게 짓는 게 좋겠어요."

나는 분위기를 정리하며, 서둘러 다음 논의를 끌어갔다.

새 이름을 붙이자고 결정한 뒤에도 여전히 '어떤' 이름으로 할 것이냐는 신중히 고민할 부분이었다. 1차 회의 이후 내 손에는 몇 가지 신제품 이름 후보가 적힌 리스트가 들려 있었다.

버터 위의 꿀감자
버터랑 감자랑
버꿀칩
꿀 먹은 버터칩
베스트칩
허니버터칩

각각의 이름에 대한 고객 서베이 결과는 '버터 위에 꿀감자

(30퍼센트)' '꿀 먹은 버터칩(25퍼센트)' '버터랑 감자랑(20퍼센트)' 순이었다.

나는 제품 리스트를 보며, 오래전 다른 제품의 네이밍을 하던 순간을 떠올렸다. 그 당시 나는 '이름이 화제가 되면 제품이 자연스럽게 각인되지 않을까?' 하는 생각을 했고, 궁리 끝에 우리나라에서 가장 긴 과자 이름을 붙여보자고 생각했다. 그러던 어느 날, 각 부서의 팀장들과 저녁식사를 하던 도중 장난처럼 신제품의 이름을 지어보자고 제안했다.

"떡볶이 맛을 스낵으로 만든 거니까 '신당동 떡볶이'는 어떨까요?"

"그건 좀 짧으니까 '신당동 장독대를 뛰쳐나온 떡볶이'라고 하면 좋겠는데요?"

"기왕 길게 가는 거 확실하게 길게 가죠. '신당동 장독대를 뛰쳐나온 떡볶이 총각의 프로포즈' 어때요?"

"'프로포즈' 앞에도 형용사를 하나 붙이죠?"

식사를 하는 두어 시간 동안 나왔던 아이디어에 동사와 형용사를 덧붙여 정한 최종 이름은 '신당동 장독대를 뛰쳐나온 떡볶이 총각의 맛있는 프로포즈'였다.

약칭 '신당동 떡볶이'는 그 기나긴 이름이 먼저 회자되며 쏠쏠한 인기를 끌었다. 신입 사원 면접 때는 "우리나라에서 가장 긴 이름을 가진 해태 과자의 풀 네임Full Name을 말해보세요"라는 질문을 던진 뒤 정답을 맞히는 지원자에게 가산점을 주기도 했다.

달콤한 감자칩의 이름 후보 리스트를 보면서 신당동 떡볶이를 떠올린 이유는 이름이 제품의 개성을 반영해야 한다는 생각이 들었기 때문이었다. 신당동 떡볶이의 네이밍에서 내가 중점을 둔 것은 '독특한 이름, 우리나라에서 가장 긴 이름을 지어 사람들의 눈길을 끌어보자'라는 것이었다.

'달콤한 감자칩 이름을 지을 때 우리가 중점을 둬야 할 요소는 뭘까?'

답은 어렵지 않게 나왔다. 바로 '맛'이었다. 이 제품의 목적은 처음부터 새로운 맛을 내는 데 있었고, 이 점을 살리려면 이름 또한 형태나 이미지를 표현할 게 아니라 맛 자체를 정직하고 단순하게 드러내는 데 중점을 두어야 했다. 나는 명단에는 있었지만 별다른 인기를 얻지 못한 이름 하나를 끄집어냈다.

'허니버터칩'.

새로운 맛을 목적으로 달콤한 꿀과 고소한 버터로 만든 감자칩. 이 신제품에 허니버터칩보다 더 잘 어울리는 이름은 없었다.

디자인은 청개구리 전략으로 간다

새로운 맛에 걸맞은 파격적인 시도는 네이밍 회의 이후에도 계속되었다. 이를테면 패키지 디자인이 그랬다. 일반적으로 과자를 포장하는 봉투들은 원색을 주조로 하여 내용물의 실제 사진을 먹음직스럽게 찍어서 넣는다. 진열대에 포진한 수많은 과자 중 일단 튀고 보자는 목적이 일차적인 이유겠지만, 그것이 관례가 되면서 보수적인 과자 시장은 원색과 실사의 패키지를 벗어나지 못하고 있었다.

그전에도 나는 제품 디자인을 조금씩 바꾸라고 지시했던 적이 있었다. 흰 바탕에 빨간색과 파란색의 하트가 그려진 '부라

보콘'은 제품의 상징과 같던 하트를 버린 뒤 깔끔한 단색 옷으로 갈아입었고, 장수 비스킷 중 하나인 '에이스'에는 커피에 비스킷을 곁들여 먹는 여인의 모습을 실사 대신 일러스트로 넣어 세련된 느낌을 가미했다.

개인적으로는 매번 새롭고 독창적인 디자인을 하고 싶었지만, 이미 사람들에게 친숙해진 제품을 리뉴얼할 때는 파격만을 고집할 수 없었다. 친숙한 제품의 파격적인 변화는 오히려 기존 고객의 반감을 불러와 역효과를 낼 수 있기 때문이었다.

하지만 허니버터칩은 달랐다. 생생칩 허니버터맛이었다면 결코 못했을 디자인, 해보고 싶었지만 해볼 수 없었던 시도를 이번만큼은 꼭 해보고 싶었다.

'새롭다는 것은 무엇인가?'

이름을 지을 때도, 디자인을 구상할 때도, 내 머릿속을 채운 것은 새로움에 대한 근본적인 질문이었다. 새롭다는 것은 '지금까지 있었던 적이 없는 것'이란 뜻이다. 공식을 파괴하는 것이고, 기존 관례를 깨뜨리는 것이며, '당연하다' '원래 그렇다'라고 수긍했던 것을 뒤집어버리는 것이다.

"이번에도 완전히 반대로 가봅시다."

몇 번의 시행착오 끝에 강렬한 원색 대신 차분한 파스텔 색상을, 직접적인 실사 대신 간접적인 일러스트를 활용한 후보들이 줄줄이 올라왔다. 나를 포함한 대부분의 업계 사람들에게 이런 패키지는 무척이나 생소했다. 튀지 않기 위해 애쓴 디자인 같다고나 할까. 단 하나 확실한 것은 기존에 전혀 보지 못했던 스타일이라는 점이었다.

"직원들 대상으로 서베이 좀 해볼까요?"

마케팅부의 제안에 따라 원색 바탕에 사진을 넣은 보편적인 시안이 하나 더 만들어졌다. 디자인의 세부적인 차이가 아니라, 친숙한 패키지와 생소한 패키지에 관한 선호도를 알아보는 조사였다. 마케팅부에서 시안을 보여주면 직원들은 마음에 드는 쪽에 별 모양의 스티커를 붙여 투표했다.

'어느 쪽이 이긴 거지?'

내가 결과물을 받았을 때 스티커는 어느 쪽이 더 많은지 가늠

하기 어려울 만큼 비슷비슷했다. 하지만 나는 오히려 확실한 답을 얻은 기분이었다.

"좋아요. 친숙함을 모토로 원료를 선택하고 맛을 언어화해 이름을 지었으니, 이제 디자인은 모든 것을 거꾸로 하는 청개구리 전략으로 가는 겁니다."

개인마다 편차가 있을 뿐 직원들 또한 업계에서 통용되는 상식에 익숙한 사람들이다. 그런 이들을 상대로 한 조사에서 반반의 결과가 나왔으니 일반인들에게는 훨씬 호감도가 높을 것이다. 게다가 패키지의 목적이 고객의 눈을 사로잡는 것이라면, 원색으로 번쩍대는 과자들 사이에서 차분한 색상의 허니버터 패키지는 의외의 존재감을 드러낼지도 몰랐다.

신조어인 '답정너'는 '답은 정해져 있고 너는 대답만 하면 돼'의 줄임말이다. 하지만 '답정너'는 있어도 '답정품'은 없다. 우리는 모든 질문에 정답이 있으리라 생각하지만, 때로는 엉뚱하고 신선한 대답이 정답보다 더 가치 있을 때가 많다. 그런 면에서 허니버터칩은 정답을 비껴간, 혹은 일부러 정답을 피해간 제품이었다.

나는 마지막으로 마케팅부와 함께 마케팅 계획을 구체화하는 데 집중했다. 크게 보면 SNS 마케팅을 준비하고, 전국에 부착할 포스터를 제작하는 일이었다. 완성된 포스터 속에는 노란색 꿀이 방울방울 떨어지고 있었고, 그 아래에는 허니버터칩 한 봉지가 놓여 있었다. 노랗고 먹음직스러운 꿀 속에는 다음과 같은 문장이 적혀 있었다.

　'Shall we honey?'

　고객들에게 감자칩의 짠맛보다 단맛을 각인시키겠다는 의지, 꿀로 돌풍을 일으켜보자는 우리의 다짐이 녹아 있는 한 문장이었다.

출격!
허니버터칩

안 될 것 같은데…

'영업사원과 5분 이상 이야기하지 말라.'

영업사원들이 농담 반, 진담 반으로 종종 하는 말이다.

영업사원의 이야기를 진득하고 여유롭게 들어주는 바이어는 없다. 짧은 시간 안에 바이어를 설득하려면, 초장부터 전력투구 하여 있는 썰, 없는 썰을 다 풀어내야 한다. 설령 영업사원 스스로는 가져간 제품이 마음에 들지 않더라도, 바이어 앞에서만큼 은 확신에 찬 표정이어야 한다. 물론 이 제품이 왜 히트할 것인지 설명하는 논리에도 빈틈이 없어야 한다. 그래야 입점을 시킬 수 있으니까.

외근을 준비하는 영업부 정 대리와 손 대리의 얼굴이 어두웠다. 정 대리는 살짝 한숨을 쉬며 손 대리의 마음을 떠보았다.

"손 대리가 보기엔 허니버터칩 어떤 거 같아?"

"글쎄, 입점이 쉽지 않겠던데."

정 대리는 자신의 생각과 별반 다르지 않은 손 대리의 말에 그제야 속에 있던 말을 쏟아냈다.

"감자칩이면 감자칩답게 짜야 하는 거 아냐? 달콤한 감자칩을 팔라니, 솔직히 난감하잖아."

"그렇지, 아무리 제품 이름부터 패키지까지 힘을 줘서 만든 제품이라 해도, 사실 제일 중요한 건 맛이니까. 고객은커녕 바이어들 설득부터가 보통 일이 아니겠어."

사실 그런 생각을 하는 사람은 정 대리, 손 대리만이 아니었다.

대부분의 사람들이 아는 감자칩은 '생생칩' '스윙칩' '포카칩' '칩포테토' '수미칩' '프링글스'였다. 그리고 그 감자칩들은 예외 없이 모두 짰다. 물론 감자칩도 양파 맛, 마늘 맛, 치즈 맛, 매운맛, 바비큐 맛 등 다양한 변주를 거듭하며 진화하고 있었지만, 그것은 모두 짠맛이라는 기본 틀 아래에서 다른 맛이 가미된 정도였다.

반면 허니버터칩은 재료만 감자다 뿐이지 완전히 다른 종족이나 마찬가지였다. 꿀 맛과 버터 맛에 가려져 짠맛은 잘 느껴지지도 않는, 한마디로 감자칩 시장의 이단아 같은 존재였다.

최종 샘플이 나온 뒤 영업부와 유통기획부 쪽에서는 비관주의와 회의주의가 스멀스멀 퍼져나가고 있었다. 특히 마케팅부의 브랜드 매니저들은 허니버터칩을 잘 팔 자신이 없다며, 다른 감자칩을 우선순위로 올리면서 허니버터칩의 출시를 미루는 상황이었다. 마케팅부에서 고개를 가로젓는 제품이 영업부에게 쉬울 리 없었다.

"내 입맛엔 좀 느끼하던데…."

내친 김에 정 대리가 한마디 더 하자, 손 대리도 동의하는 표정으로 거들었다.

"우리도 이러는데 바이어들이 좋아하겠어?"

영업사원들에게는 어려운 상대이지만, 결국 바이어들도 자신들의 실적이 중요한 회사원이었다. 그들은 검증된 제품, 안정적인 제품, 실패하지 않을 제품을 원했다. 안전한 제품을 원하는 바이어들에게 모험적인 제품을 내밀어야 한다는 생각만으로도 부담감이 밀려왔다. 사무실을 나서는 두 사람의 발걸음이 무거웠다.

출시 타이밍을 놓치다

'허니버터칩은 어떻게 되어가고 있지?'

마케팅 회의 때면 나는 은근히 허니버터칩에 관한 보고를 기다렸다. 아무리 출시 준비가 끝난 제품이라도, 대표인 내가 브랜드 매니저들로부터 해당 제품에 대한 안건을 받아야만 최종 통과를 지시할 수 있었다. 하지만 허니버터칩은 안건이 올라와야 할 시기가 지났는데도 불구하고, 아무 보고도 올라오지 않았다.

감자칩이 잘 팔리는 시기는 시원한 맥주 한 잔이 당기는 계절, 즉 여름이다. 그러자면 5월에는 출시가 되어야 한다. 그런데 이미 성수기가 시작되고 6월도 중반이 넘었는데 허니버터칩은 어디에서 헤매고 있는지 당최 찾을 길이 없었다.

나중에야 알게 된 사실이지만, 허니버터칩이 보고되지 않은 데는 몇 가지 이유가 있었다. 첫째는 브랜드 매니저들이 생각하는 우선순위에서 밀린 탓이었다. 브랜드 매니저 한 사람은 몇 가지 제품을 동시에 관리하기 때문에, 여러 제품이 진행될 경우 담당자의 판단에 따라 제품의 우선순위가 결정되곤 했다.

그 시기 신제품으로는 허니버터칩 외에 '생생칩 딥'이 있었다. 패키지 안에 들어 있는 발사믹 소스에 감자칩을 찍어먹을 수 있도록 고안된 이 제품은 '소스로 감자칩의 풍미를 끌어올렸다'라는 호평을 받으며 허니버터칩에 비해 월등하게 우세한 기대를 모았다. 생생칩 딥을 먹어본 사람들은 열이면 열, 백이면 백, 모두 엄지를 척 세웠다.

하지만 이 제품은 소스에 찍어먹는다는 것이 특징인 동시에 단점이었다. 소스로 맛을 살렸지만 고객들은 소스에 찍어먹는 행위 자체를 번거롭게 느낄 가능성이 컸다. 그럼에도 브랜드 매니저들은 소스의 맛이 워낙 좋아서 그 정도 단점은 문제가 되지 않을 거라고 자평했고, 마케팅부와 영업부 역시 이 제품은 성공 가능성이 크다며 자신감을 보였다. 연구소에서도 생생칩 딥이 감자칩 업계 꼴찌라는 해태의 오명을 씻어주지 않을까 은근히 기대하는 분위기였다.

반면 허니버터칩은 처음 시도하는 맛이다 보니 기준점이 없었다. 시제품으로 첫 고객 서베이를 했을 때는 성별과 연령에 따라 호불호가 심하게 갈렸고, 평가가 들쭉날쭉했기 때문에 조사 결과를 구체화, 수치화하는 작업도 더뎠다. 그 후 허니버터칩은 연구소의 끈질긴 맛 개발 덕분에 최종 고객 서베이에서 압도적인 호평을 받기는 했다. 그러나 회사 내부에서는 허니버터칩의 생소한 맛에 여전히 고개를 갸우뚱하는 형편이었다.

두 번째 문제는 현장 재현의 어려움이었다. 꿀과 유분으로 끈적끈적한 시즈닝이 컨베이어에 쌓이다가 덩어리째 떨어져버리면, 덩어리는 제어되지 못한 채 기계를 타고 돌다가 제품 봉투 안으로 들어가 버렸다. 연구소와 공장 사람들은 어느 위치에서 시즈닝이 누적되는지, 시즈닝 덩어리가 떨어지는 데 걸리는 시간은 얼마인지 파악했다. 그리고 가장 아날로그적인, 하지만 가장 확실한 '덩어리 제거 매뉴얼'을 만들었다. 작업자가 시즈닝이 뭉치는 위치에 서서 꾸준히 덩어리를 긁어내는 것이었다. 이 매뉴얼을 고안하기까지도 적지 않은 시간이 걸렸다.

하지만 연구소가 현장 재현에 성공하고, 외주업체에서 최종 디자인 시안을 보내오고, 영업부가 입점 상담을 위해 노력하는 가운데서도 허니버터칩에 대한 공감대는 좀처럼 이루어지지 않았다. 브랜드 매니저들은 어떻게 해서든 리스크가 큰 허니버터칩 출시를 미루려 했고, 영업부에서는 입점 상담에서 이미 길이 막히는 모양새라며 브랜드 매니저들의 주장에 힘을 보태고 있었다.

이 과정에서 속이 타들어가는 이들은 연구소와 공장 사람들이었다. 얼마나 힘들게 만든 제품이란 말인가. 이 정도의 노력을 쏟은 제품이라면 죽이 되든 밥이 되든 시장에 내놓아 고객들의 평가라도 받아봐야 했다. 그리고 어차피 출시할 거라면 성수기에 나와야 생산량을 최대로 끌어올릴 수 있었다.

그렇게 허니버터칩은 하루라도 빨리 출시하고 싶어 하는 사람들과, 어떻게든 출시를 미루고 싶어 하는 사람들 사이에서 표류하다가 7월에야 겨우 내게 보고되었다. 나는 브랜드 매니저들이 마지못해 내민 보고서를 받아들며 미소를 지었다.

"성수기가 다 지나가겠네요. 곧바로 출시합시다."

나는 그 자리에서 단박에 허니버터칩의 출시를 확정지었다. 회의 자리에 있던 사람들은 내가 곧바로 출시를 승인하자 약간은 놀라는 눈치였다.

"대표님, 겨우 1차 보고서인데요. 이 보고서대로 당장 제품을 내놓기엔 부족한 부분이 많아보입니다."

"맞습니다. 가뜩이나 허니버터칩에 대한 내부 공감대도 다 형성되지 않은 마당에 이렇게 급하게 갈 거 있을까요? 차근차근 보완해가면서 시장 상황을 살피는 게 낫지 않을까 싶은데요."

안전하게 가자는 허니버터칩 반대파들의 의견에 옹호파도 가만히 있지 않았다.

"아니, 지금껏 우리가 해온 게 그런 일들이잖아요. 고객 서베이 결과도 좋고, 제품명이나 패키지 반응도 괜찮고, 생산 과정의 문제도 겨우 다 해결했는데 언제까지 제품 출시를 미룹니까? 어차피 맛에 만장일치란 없는 것 아닙니까?"

여전히 의견이 분분했지만 이제는 한쪽의 손을 들어주어야 할 때였다. 그리고 내겐 더 이상 선택의 여지가 없었다.

"다른 건 다 제쳐두고 고객 서베이 결과 하나만 보고 갔으면 합니다. 이 정도 결과면 출시는 기정사실이에요. 그런데 차일피일 미루다 보면 어느 날 경쟁사에서 비슷한 콘셉트의 제품을 내놓지 말라는 법이 있습니까? 어차피 나올 제품이면 하루라도 빨리 내놓는 게 좋습니다."

제과업계는 그 어떤 업계보다 트렌드에 민감했다. 일단 달콤한 맛이 고객들의 입맛을 사로잡으면 누가 또 달콤한 감자칩이란 아이디어를 생각해낼지 모를 일이었다. 내가 경쟁자들보다 한 수 위라는 생각은 위험하다. 경쟁자들은 나만큼, 혹은 나보다 더 뛰어난 사람들이라는 태도로 접근할 때 빠른 결단을 내릴 수 있다.

완벽한 동의는 아니라도 브랜드 매니저들 역시 프로였다. 그들은 내가 하는 말을 이해하고 받아들였다.

"저희도 보고서에 아쉬운 점이 없는 건 아니지만, 우선은 생산 날짜를 정하는 게 급선무인 것 같습니다. 날짜부터 정한 다음 세부적인 내용은 수시 보고를 통해 개선하겠습니다."

회의를 마친 뒤 나는 빈 사무실에서 내 결정이 옳은 것인가 돌이켜보았다. 아무리 대표라 해도 많은 반대가 뒤따르는 제품을 독단에 가까운 결정으로 출시하는 일은 모험이다. 내게도 무수한 실패 경험이 있다. 나 역시 내 결정이 언제나 옳진 않다는 것을 알고 있다.

그럼에도 불구하고 허니버터칩에 대한 나의 결론은 항상 같았다. 많은 사람들의 지지와 동의는 받지 못했지만 나는 허니 버터칩이 좋았다. 허니버터칩은 내가 먹고 싶은 제품, 사고 싶은 제품이었다.

가끔은 내가 먹고 싶지 않은 제품임에도 실무 담당자들의 요청에 의하여 출시를 승인하는 경우가 있다. 물론 논리적인 시장 분석과 경험에 기반한 예측을 통해 결정을 할 때도 있다. 하지만 가장 중요한 것은 '내 마음이 움직이느냐, 움직이지 않느냐' 하는 것인지도 모른다. 말로 설명하거나 논리적으로 분석하기는 어렵지만, 나는 내 마음이 선택의 지표가 되는 것을 경계하지 않는다. 때로는 분명한 논리보다, 정확한 이성보다, 모호한 감정이 더 들어맞을 때도 있다. 그런 면에서 허니버터칩은 내 마음을 움직인 제품, 진심으로 내가 갖고 싶은 제품이었다.

그렇게 말도 많고 탈도 많았던 허니버터칩은 감자칩의 피크 시즌도 다 끝나버린 8월, 뒤늦게 허니와 버터를 장전하고 시장에 출격했다. 태생부터 성공의 조건은 버리고 태어난 비운의 과자인 셈이었다.

초라한 출발선에 서다

더위가 한참 기승을 부리는 8월의 어느 날, 영업부 정 대리는 한 CVS^{Convenience Store} (소형소매점포) 업체에서 입점 상담을 하고 있었다.

정 대리가 가져간 신제품은 이제 막 출시된 허니버터칩과 그보다 조금 앞서 나온 생생칩 딥이었다. 본부 담당들에게 좋은 평가를 받았던 생생칩 딥은 바이어들에게도 역시 호응이 좋았다.

"생생칩 딥은 맛있다고 소문이 자자하더니, 이번에 해태에서 제대로 한 건 했네."

정 대리는 호평에 싱글벙글이었다.

"그런데 허니버터칩은 영 아닌 것 같은데. 너무 느끼하고 달지 않아?"

"에이, 그 맛에 먹는 거라니까요. 맥주랑 완전히 찰떡궁합이에요."

"이 사람아. 맥주는 짭짤한 감자칩이랑 먹어야 제 맛이지. 게다가 이거 봉지도 영 시원찮아보이고. 고객들이 어디 손이나 대겠어?"

생생칩 딥만 가져왔으면 빨리 일을 끝내고 기분 좋게 돌아갈 수 있었을 텐데. 정 대리는 '내 이럴 줄 알았다니까' 하는 생각을 애써 감추며 허니버터칩을 입점시키기 위해 온갖 영업 노하우를 발휘했다.

"일단 한 박스씩만 넣어보시라니까요. 이거 고객 서베이 반응이 꽤 좋았어요. 1,000명 중에 900명 이상이…"

"아, 됐고 생생칩 딥만 넣으라니까."

어느 정도 예상했던 반응이지만 정 대리는 힘이 쭉 빠졌다. 다른 곳에 입점 상담을 갔을 때도 상황은 별반 다르지 않았다. 생생칩 딥에는 기대감을 보였던 바이어들이 허니버터칩에는 유독 냉정했다.

"이게 되겠어? 팔릴 만한 걸 가져와서 넣어달라고 해야지."

바이어는 그렇게 말하면서도 정 대리의 채근에 못 이겨 감자칩을 하나 더 집어먹었다. 그러고는 역시 안 되겠다는 듯 고개를 절레절레 흔들었다.

"아우, 느끼해. 난 이거 아닌 거 같아."

신제품을 투입하는 것은 항상 어려운 일이었다. 허니버터칩처럼 이슈도 없고, 광고도 크게 하지 않는 제품일 때는 더더욱 그랬다.

매장별로 발주를 받아 출시를 진행하라는 본부 지시가 내려온 것은 지난주. 그러나 며칠이 지나도록 이렇다 할 성과가 없는 상황이었다.

정 대리는 거래처에서 나와 주차장으로 터덜터덜 걸어갔다. 끈적끈적하고 후끈한 기류가 온몸에 감겨들었다. 가뜩이나 불쾌지수가 높은 날, 가는 곳마다 거절을 당하다 보니 짜증이 치밀었다. 뜨끈하게 데워진 운전석에 앉아 시동을 걸려는데 마침 휴대전화가 울렸다.

"아, 일단 한 박스씩요? 네네, 알겠습니다. 감사합니다!"

얼마 전 허니버터칩의 입점 상담을 했던 또 다른 CVS 업체였다. 점장들이 시식 미팅을 했는데 반응이 괜찮았다며, 허니버터칩을 한 박스씩만 넣어보라는 주문이었다. 러시 아워가 시작된 내부 고속도로는 정체가 한창이었지만, 정 대리의 얼굴은 한층 밝아져 있었다.

같은 시각 영업부 손 대리는 정 대리에 비해 일이 조금 더 수월하게 풀리고 있었다. 그는 친하게 지내는 거래처 담당자를 찾아가 500박스를 한꺼번에 투입하고 회사로 복귀하는 중이었다.

'저 바이어랑 관계를 잘 만들어놔서 다행이지.'

일단 급한 불은 껐지만 앞으로의 일이 막막하게 느껴지는 것은 손 대리도 마찬가지였다. 오늘은 운 좋게 물량을 배치할 수 있었으나, 그동안 찾아갔던 다른 매장들은 전부 허니버터칩을 넣지 않겠다고 했던 게 자꾸 걸렸다.

회사 안에서도 회의적이고 비관적인 관측이 많았으니, 바이어들의 반응이 이해되지 않는 것도 아니었다. 허니버터칩은 제과업계에서 십수 년을 근무한 노련한 직원들도 고개를 갸우뚱거리는 제품, 시장의 한가운데에 있는 바이어들도 손사래를 치는 제품이었다.

손 대리 또한 감자칩의 모든 공식을 뒤집어버린 허니버터칩에 대해 자신이 없었다. 그래도 입점시키라는 지시가 내려오면 입점시켜야 하고, 목표 수량이 정해지면 달성해야 했다. 그것이 영업사원의 일이었다.

'한동안은 쉽지 않겠어….'

오늘 많은 물량을 입점시켰다는 기쁨도 잠시, 손 대리는 금세 기분이 가라앉았다. 아무도 허니버터칩이 불러올 파동을 예상하지 못했던 8월의 어느 날이었다.

25분의 여정, 1,500원의 행복

25분 동안 무엇을 할 수 있을까?

모 프로그램에서는 '삶이 변하는 시간 25분'을 타이틀로 내걸면서 25분 동안 명사의 강연을 방송한다. 어느 여자 연예인은 하루 25분 태보 다이어트로 날씬한 몸매를 가질 수 있다고 하고, 어느 영어 강사는 매일 25분의 공부로 영어를 정복할 수 있다고 말한다. 그럼 우리는 25분 동안 무엇을 할 수 있을까?

바로 허니버터칩을 만들 수 있다!

허니버터칩을 만드는 첫 단계는 저장고 컨테이너 속에 들어 있는 감자의 무게를 재는 것이다. 컨테이너째 중량을 잰 뒤, 빈

컨테이너의 무게를 빼면 감자의 실제 무게가 나온다. 그다음으로 감자를 투입하면, 이후 깨끗이 씻는 과정에서 돌이나 흙은 아래로 떨어지고, 깨끗한 감자만 남게 된다.

다음 단계에서는 감자의 껍질을 벗긴다. 속살을 드러낸 감자 중 규격보다 큰 것은 기계를 통해 반으로 자르고, 규격에 맞지 않는 감자는 솎아낸다. 잠시 후 슬라이스 기계가 감자를 얇게 썰고 세척 기계가 표면의 전분을 씻어내면, 이윽고 생감자가 감자칩으로 변신할 순간이 다가온다. 감자를 프라이어에서 200도에 가까운 고온으로 튀겨내고, 빛깔이나 형태가 좋지 않은 것들을 또다시 걸러낸다.

이 단계 이후, 무사히 살아남은 감자칩들은 또다시 컨베이어를 타고 흘러가 시즈닝 공정에 들어간다. 허니버터의 시즈닝을 곱게 입은 감자칩들은 이제 봉투에 차곡차곡 들어가서 봉해진다. 마지막으로 열여섯 개의 제품이 한 상자에 담기면, 허니버터칩은 상자째 컨베이어를 타고 출하장으로 향한다. 여기까지 걸리는 시간이 총 25분이다.

이렇게 만들어진 허니버터칩은 진열대에 깔릴 틈도 없이 박스를 뜯자마자 동이 난다. SNS는 허니버터칩과 함께 찍은 셀카로 도배된다. 대형마트와 편의점을 수십 군데 돌았다는 '허니버터칩 순례기'가 올라온다. 암시장에서는 몇 배나 높은 금액으로 허니버터칩이 거래된다. 낱개로 판매하는 사람이 등장한다. 어떤 상점들은 끼워 팔기로 빈축을 산다. 과자가 뉴스에 보도된다. 수천 개의 기사가 쏟아져 나온다….

그러나 이 모든 일보다 우리를 웃게 하는 것은 단돈 1,500원짜리 감자칩 한 봉지로 사람들이 잠시나마 행복에 젖는다는 사실이다. 그 사실을 확인할 때마다 우리에겐 긴장을 놓칠 수 없는 25분간의 여정을 수백 번, 수천 번 반복할 힘이 생겨난다.

2장

없어서
못 파는 과자

Shall We Honey?

마침내
대박이 터지다

이게 대체 무슨 상황이지?

신제품 출시 후 고객들의 반응을 기다릴 때면, 국방부 시계만큼은 아니더라도 갑자기 시계가 더디게 흘러가는 것처럼 느껴진다. 사람들은 제과회사가 과자를 출시하면 며칠 만에 전국에 그 과자가 쫙 깔릴 거라고 생각하지만, 출시에서 입점까지 걸리는 시간은 최소한 3주 이상이다. 그 기간 동안은 고객들의 반응이 어떨지, 신제품이 시장에 제대로 안착할지, 아무것도 짐작할 수 없다. 그저 기다리는 수밖에.

"허니버터칩은 어때요? 좀 팔리나?"

허니버터칩이 출시된 지 3주쯤 지났을 때였다. 내가 기대감과 조바심을 감춘 채 부서 회의에서 허니버터칩에 대한 반응을 묻자 영업부장은 난감한 표정을 지었다.

"잘 팔리긴 하는데요."

"잘 팔리긴 하는데?"

"그게 좀… 상황이 이상하달까, 아무튼 유별나게 돌아가고 있습니다."

영업부장이 전해준 상황은 내가 듣기에도 유별났다. 대형마트는 문을 열기도 전에 사람들이 줄을 선다고 했다. 다들 허니버터칩을 사러 온 사람들이었다. 편의점 유리창에는 '허니버터칩 없음'이라는 문구가 붙어 있다고 했다. 사람들이 하도 허니버터칩을 찾으니, 일일이 대답하기 힘들어서란다.

영업부에서 보고를 마치자, 이번에는 마케팅부에서 곤혹스러운 표정으로 말을 꺼냈다.

"그래서 말인데요, 지난번에 제작해둔 포스터는 못 붙일 것 같습니다."

"포스터는 또 왜요?"

"제품을 깔면 바로바로 없어지니까요. 제품도 없이 포스터만 있으면 이상하지 않겠습니까? 바이어들도 이런 상황은 처음이라고 하더라고요."

바이어들은 짧게는 10년, 길게는 30년, 유통업계에서 잔뼈가 굵은 사람들이었다. 그런 사람들이 이런 상황은 처음 겪는 일이라고 할 정도면, 심상치 않은 사태임이 틀림없었다. 허니버터칩이 출시된 지 이제 겨우 3주. 전국에 제품이 다 깔리려면 한 달 정도의 시간이 필요하다. 그런데 벌써 없어서 못 팔 정도라고? 나는 이 상황이 잘 이해가 되지 않았다.

"포스터를 못 붙일 정도로 반응이 좋다고요?"

"저희도 지금 사태를 파악 중입니다. 사실 맨 처음 과자가 깔리고 일주일 정도 지났을 때는 너무 잠잠해서 실패구나 했는데요. 2주 차 들어서면서 허니버터칩 있느냐고 직접 묻는 고객들이 생겨났다고 합니다."

"과자를 고르다가 사는 게 아니라 콕 집어 허니버터칩을 찾는 고객들이 많았다고요? 아니, 본격적인 마케팅·홍보는 시작도 안 했는데 고객들이 허니버터칩을 어떻게 알아?"

"저희도 그게 이상해서 상황을 파악 중인데요. 아무래도 SNS

가 발원지 아닌가 싶습니다."

나는 회의가 끝난 뒤 SNS부터 살펴보았다. 그곳엔 생전 처음 보는 진풍경이 펼쳐져 있었다. 친구와 함께 셀카를 찍는 것은 흔한 모습이다. 반려동물을 안고 셀카를 찍는 사람들도 많이 봤다. 하지만 과자를 들고 자기 사진을 찍다니? 그것도 몇몇 독특한 사람들이 만들어낸 신문화가 아니라 온 SNS가 허니버터칩을 들고 사진을 찍는 사람들로 넘쳐나고 있었다.

'이게 무슨 일이지?'

그것이 SNS를 본 순간 내 첫 심정이었다. 대한민국 사람들이 다 같이 허니버터칩을 홍보해주려는 생각은 아닐 테고….

모두가 허니버터칩 홍보 대사

"해태에서 새로 나온 감자칩인데, 처음엔 감자칩에 꿀이 들어갔다고 해서 맛있을까 싶었거든요. 고구마와 단맛은 조합이 잘될 것 같지만 감자와 단맛은 좀 이상할 것 같아서요. 그런데 진짜 맛있어요. 이 정도 맛일 줄 몰랐는데, 완전히 기대 이상이에요."

마케팅부에서 상황을 파악한 결과, 첫 반응이 온 것은 허니버터칩이 출시된 지 2주가 넘어갈 무렵이었다. 새로운 것, 신기한 것, 재미난 것이 나오면 먼저 경험해보고 리뷰를 올리는 파워블로거들이 허니버터칩에 대한 시식평을 올렸던 것이다. 이들의 글을 정기적으로 구독해보는 수많은 팔로워들 사이에서 허니버터칩은 순식간에 핫한 과자로 떠올랐다. 우리 회사에서 허니버터칩을 협찬받은 적도 없고, 호의적인 리뷰를 써달라는 조건으로 원고료를 받은 적도 없는, 그야말로 자발적인 유저들이었다.

대부분의 파워블로거들은 남들이 경험해보지 못한 것, 생전 처음 보는 것, 독특한 것을 먼저 발견하여 팔로워들의 호응을 얻고자 한다. 그런 이들에게 달콤한 감자칩이라는 듣도 보도 못한 과자는 리뷰를 쓰기에 딱 적합한 아이템이었던 셈이다.

달콤한 감자칩이라는 것도 신기한데 입맛 까다로운 푸드 블로거들까지 칭찬을 하니, 허니버터칩에 점점 호기심을 가지는 사람들이 늘어났다. 그런 사람들은 하나, 둘 근처 마트로 달려가 허니버터칩을 구매했고 이 구매자들은 다시 인터넷에 리뷰를 올리며 거대한 입소문을 만들어냈다.

"너 요즘 나한테 왜 그래? 매력 발산하지 마! 나한테서 제발 멀리 떨어져."

얼마 후 어느 여배우의 인스타그램에는 이런 글이 올라왔다. 썸남에 대한 이야기일까? 남자친구랑 밀당이라도 하나? 아니었다. 글과 함께 올라온 사진은 한 봉지의 과자, 허니버터칩이었다. 파워블로거들로부터 시작된 입소문이 어느새 연예인들에게까지 번진 것이었다.

한 가수는 "허니버터칩 한 봉지에서 삶의 희망을 보았다"라는 글을 올렸고, 어떤 배우는 "매일 밤마다 유혹에 한 봉지씩! 혼자 살찌기 아까워 포스팅한다"라고 글을 올렸다. 어느새 연예인들 사이에서는 허니버터칩 인증샷이 유행처럼 퍼지고 있었고, 너도 나도 이 열풍에 동참하면서 SNS마다 허니버터칩 셀카가 물결을 이루고 있었다.

워낙 많은 연예인들이 허니버터칩 셀카를 찍었던 탓에 급기야 "해태에서 돈 주고 연예인들에게 시킨 거다" "계획된 홍보다"라는 말이 떠돌기도 했다. 연예인들이 과자를 들고 인증샷을 찍는 낯선 광경이 거대한 홍보 효과를 불러온 건 사실이었다. 하지만 한두 명도 아니고 그토록 많은 스타들에게 홍보를 부탁하려면 그 비용만 해도 어마어마할 것이다. 감자칩 업계 꼴찌인 우리로서는 결과를 장담할 수 없는 허니버터칩에 그렇게까지 무리한 투자를 할 계획도, 이유도 없었다. 게다가 허니버터칩은 내부의 반발로 출시까지 미뤄진, 기대치가 현저히 낮았던 제품이었다.

수많은 인증샷에 힘입어 허니버터칩은 대한민국의 가장 '뜨거운 감자'로 떠올랐다. 인터넷의 열기는 오프라인의 수요 부족으로 이어졌고, 허니버터칩을 구하지 못한 사람들은 이제 구매 실패담을 올리기 시작했다. 이런 실패담마저 어느 순간부터는 허니버터칩의 주가를 한껏 올려주는 촉매제로 작용하고 있었다.

"아침 일찍 대형마트 과자 코너로 달려갔는데, 순번표를 가지고 있는 사람들에게만 허니버터칩을 팔더라고요. 순번표는 정문에서 나눠주는데, 전 후문으로 들어갔고요."

"편의점 20군데를 돌았는데도 못 구했습니다. 이쯤 되면 맛이 문제가 아닙니다. 사나이 자존심의 문제죠."

"평일에는 구하기가 좀 낫다고 해서 월차 냈어요."

허니버터칩을 구하기 어려워질수록 허니버터칩을 먹고 싶어 하는 사람들은 늘어났다. 그리고 허니버터칩을 먹고 싶어 하는 사람들이 늘어날수록 허니버터칩은 구하기 어려운 전설의 과자가 되어갔다. 이 순환 구조가 품귀 현상을 가속시키자, 출시 석 달이 지날 무렵부터는 "허니버터칩이란 과자가 진짜 있긴 있는 거예요?"라는 질문이 포털 사이트에 심심찮게 올라오곤 했다. 이 와중에 어느 연예인은 허니버터칩을 유니콘이나 드래곤 같은 환상의 존재로 격상(?)시키기에 이르렀다.

　"편의점 5군데, 할인 마트 4군데, 어디에도 없는 허니버터칩은 환상 속의 과자인가…."

과자를 없어서
못 판다고?

품귀, 품귀, 또 품귀

물량 파동이 일어나면서 가장 먼저 발등에 불이 떨어진 곳은 영업부였다. 손 대리는 얼마 전 500박스를 입점시키고 좋아했던 바로 그 거래처에서 안절부절못하고 있었다.

"제발 돌려주세요. 지금 다른 데선 없어서 난리인데, 여기만 쌓아놓고 팔면 어떡해요?"

"이거 왜 이래, 손 대리가 넣고 갔잖아. 왜 줬던 걸 돌려달래?"

달라는 손 대리와 못 준다는 바이어가 실랑이를 벌이는 웃지 못할 상황이 펼쳐지고 있는 와중에도 손 대리의 휴대전화는 쉴 새 없이 울려대고 있었다. 허니버터칩을 달라는 거래처들의 전화였다. 바이어로부터 빼앗다시피 해 허니버터칩을 돌려받은 그는 한 손에는 상자를, 한 손에는 전화기를 든 채 차를 세워둔 곳으로 부리나케 달려갔다.

한편 정 대리는 2주 전 허니버터칩 입점을 거절당했던 바로 그 매장에 가 있었다.

"우리는 왜 허니버터칩 안 줬어?"

지난번과 달리 바이어는 잔뜩 애가 달아 있었다.

"맛없다고 넣지 말라고 하셨잖아요."

"내… 내가? 언제?"

언뜻 생각하면 이 상황이 통쾌하고 기분 좋을 것 같지만, 막상 현장을 누비고 다니는 영업사원들은 어깨에 힘이 들어갈 여유조차 없었다. 과자 한 봉지가 뭔지, 고객들은 허니버터칩을 사겠다고 난리였고, 그런 고객들에게 시달리는 바이어들은 허니버터칩을 한 박스라도 더 입점시켜달라고 아우성이었다. 불과 보름 전, 바이어들을 설득하기 위해 고군분투했던 것과는 정반대의 일이 벌어지고 있었다. 이제는 누가 본사에서 더 많은 허니버터칩을 받아오느냐가 영업사원들의 목표 달성률을 좌우하는 지상 최대의 과제가 되어버렸다.

　매장에 다녀온 영업사원들은 본부에 들어오면, 각자가 매장에서 목격한 장면을 이야기하느라 바빴다.

"박스를 뜯는 순간 어떻게 알고 왔는지 사람들이 한꺼번에 확 몰려드는 거야."

"그래, 나도 봤어. 고객들이 순식간에 달려들어서 싹쓸이해 버리더라니까."

"내가 간 매장은 어땠는지 알아? 고객들이 허니버터칩 왜 없냐고 하도 클레임을 넣으니까 물건 들어오기 전날 고지를 한 거야. 내일 아침 9시부터 선착순으로 허니버터칩을 팔겠다고. 그날 아침에 내가 다섯 박스를 갖고 갔는데 사람들이 50미터쯤 줄을 서 있고, 점장이 직접 내려와서 한 사람당 두 봉지씩만 딱딱 나눠주더라고."

"맞아, 그러다가 물량 떨어지면 줄 서 있던 사람들 난리 나고."

본부에서 그 이야기를 전해 듣는 직원들은 놀라움을 감추지 못했다. 없으면 안 되는 생필품도 아니고, 과자 하나 때문에 이런 일이 벌어지고 있다는 게 정말 믿기지가 않았다. 제과업계에서 꽤 오래 일했던 직원들조차 생전 처음 겪는 이 상황을 어떻게 받아들여야 할지 어리둥절하기만 했다.

영업부는 제품 수급 상황이나 입점 상황에 대해 따로 보고할 필요조차 느끼지 못했다. 이런 목격담만으로도 상황은 불 보듯 뻔했으니까. 바로 '품귀 현상'이 일어나고 있었던 것이다.

공장장조차 의심했던 이 과자의 인기

우리는 이제 겨우 제품을 출시했을 뿐이다. 본격적인 홍보는 사실상 시작도 하지 않았다. 그런데 허니버터칩은 사람들의 입소문을 타는 것도 모자라, 이 사람 저 사람과 사진까지 찍고 있다? 게다가 곳곳에서 품귀 현상이 일어난다?

사태를 파악한 후, 나는 곧바로 문막 공장의 공장장에게 전화를 걸었다.

"우리가 지금 허니버터칩을 얼마나 생산하죠?"

"늘 하던 대로입니다. 1교대 하루 8시간 정도요."

"좀 더 하시죠? 지금 잘 나간다는데."

"이제 막 출시되어서 그렇겠죠. 처음엔 꽤 나가던 제품도 조금만 지나면 원래 팍 꺾이잖아요. 잘 아시면서. 좀 기다려보는 게 좋을 것 같습니다."

"그게 아니라 뭔가… 특이하게 잘 나간다니까요?"

"에이, 처음이라서 그래요."

"상황이 심상치 않다니까요?"

"원래 처음에는 다…."

공장장은 장사 하루 이틀 해보냐는 듯이 느긋하게 말했다. 그래, 그가 사태를 파악하지 못하는 것도 무리는 아니지. 그런데 지금은 정말 비상사태란 말이다! 답답한 마음에 나도 모르게 목소리를 높이고 말았다.

"아, 그냥 더 생산하세요! 3교대 24시간으로!"

내가 그러거나 말거나, 공장장은 느릿느릿한 말투로 이번에는 그럴 수 없는 이유를 설명하기 시작했다.

"인력이 부족해서 안 돼요. 생산량을 올리려면 사람부터 뽑아야 하는데, 시간이 여간 걸리는 게 아니에요. 채용 공고도 내야 하고, 면접도 봐야 하고. 대표님이 더 잘 아시지 않습니까? 이곳에선 사람 모집하는 게 쉽지 않다는 걸요."

공장장의 말처럼 공장의 생산량을 올리려면, 준비해야 할 사항이 많았다. 특히 문막처럼 작은 지역에 위치한 공장에서 생산량을 올릴 때는 작업 인원을 늘리는 것부터가 문제였다. 1교대로 돌아가던 공장을 3교대로 돌리려면 지금의 3배 인원이 필요한데, 지역이 작다 보니 그만한 숫자의 지원자를 모집하는 게 쉬운 일이 아니었다.

사람을 뽑고 난 다음의 일도 문제였다. 늘어난 인원만큼 각자의 캐비닛을 마련하고 작업복, 작업화, 머리망, 장갑 등의 피복을 준비해야 한다. 작업자들의 출퇴근을 위해 통근버스 배차를 조정하는 것은 물론이고, 휴게시설 정비, 식사를 제공할 식당 운영, 외주 조달, 샤워시설 보강 등 해야 할 일이 산더미였다. 물론 공장을 풀가동시키기 위해서는 전기, 보일러 등의 설비도 확대할 필요가 있었다.

"필요한 거 모두 지원할 테니까 사람부터 뽑으세요. 최대한 빨리요."

공장장과의 통화를 마친 뒤 나는 상황을 곱씹어보았다.

'과자를 없어서 못 판다? 과자의 수요가 공급을 앞지른다?'

대형마트든 편의점이든 동네 슈퍼마켓이든 과자는 어디에나, 언제나, 얼마든지 있다. 고객 입장에서는 이 회사의 과자가 없으면 저 회사의 과자를 먹으면 되고, 저 회사의 과자가 없으면 또 다른 회사의 과자를 사먹으면 그만이다. 그런데 과자 한 봉지를 구하지 못해 발을 동동 구르는 사람들이 있다니 생각할수록 놀랍기만 했다.

'허, 과자를 없어서 못 판다고?'

사람의 마음이라는 것은 복잡하고 이상하다. 가질 수 없을수록 더 가지고 싶지만, 원하던 것을 간신히 손에 넣은 순간 그것에 흥미가 떨어진다. 또는 이런저런 애를 썼는데도 얻지 못하면 돌연 괘씸한 생각이 들어 열렬한 팬에서 안티 팬으로 돌아서기도 한다. 나는 허니버터칩 돌풍을 바라보며 뛸 듯이 기쁜 한편, 품귀 현상이 지속되다가는 사람들의 태도가 이렇게 변하지는 않을까 걱정스러워지기 시작했다.

상황이 바뀌면 우리도 바뀌어야 한다. 주변 여건은 정신없이 달라지고 있는데 그것을 알아채는 감이 없거나, 또는 신속히 적응하지 못하면 그 상황에 휘둘릴 수밖에 없다. 이제 상황의 변화는 알아차렸으니 무엇을 어떻게 바꿔나갈지가 핵심이었다. 그리고 생산 증대는 우리가 이 상황에 맞추어 서둘러 개선해야 할 첫 번째 사항이었다.

그래, 네가 효자다

'일주일이면 충분하겠지?'

공장장은 그렇게 생각했다. 문막 공장의 라인은 허니버터칩을 포함하여 총 세 가지 제품을 생산하고 있었다. 다른 두 제품의 인원을 허니버터칩 라인으로 임시 편성한다. 그렇게 일주일만 버티면, 원래 흐름대로 돌아갈 것이다. 이것이 공장장의 계산이었다. 그가 짐작하기에 허니버터칩의 인기는 딱 그 정도가 유효기간이었다.

사실 허니버터칩 샘플이 들어왔을 때 공장장을 비롯해 공장 직원들의 반응은 그다지 좋지 않았다. 달짝지근한 감자칩이 팔리겠느냐며 생산도 하기 전부터 재고를 걱정하는 사람도 있었다. 게다가 출시 시점이 점점 늦춰지면서 허니버터칩이 애물단지가 될 거라는 볼멘소리가 터져나왔다. 그런데 생산 전부터 천덕꾸러기였던 허니버터칩이 없어서 못 팔 정도라니, 의아할 따름이었다.

'맛이 좀 독특하니 초반에 반짝 인기를 끌 수도 있긴 하겠지.'

하지만 일주일 후 공장장은 자신의 판단이 틀렸음을 깨달았다. 인기가 사그라지기는커녕 하루가 다르게 점점 불이 붙는 모양새였다. 영업부에서는 매일같이 허니버터칩을 더 달라고 공장을 다그쳤다. 공장장은 임시방편으로 어찌해볼 일이 아니라는 것을 깨닫고 특단의 조치를 내렸다.

"당장 전단지 제작해서 붙일 수 있는 데엔 다 붙이라고!"

일반적인 경우, 사람을 뽑을 때에는 지역의 무가지 신문에 채용 공고를 게재한다. 하지만 갑자기 인원을 3배로 늘리려면 그 정도로 될 일이 아니었다. 시내 곳곳에, 사람이 모이는 곳이면 어디든지, 해태제과에서 사람을 뽑는다고 알려야 했다. 그날로 원주의 모든 아파트와 전봇대에는 해태제과의 채용 공고가 나

붙었고, 어떤 직원들은 상업고등학교를 찾아가 취업을 원하는 졸업생들을 직접 데려오기도 했다.

채용에서 가장 까다로운 것은 오퍼레이터, 즉 기계를 조작하는 기사들을 모집하는 일이다. 중요한 역할을 담당하는 직원들이니만큼 급하다고 아무나 뽑을 수 없었다. 관련 제조업계에서 경력을 쌓은 사람이나 기계 분야 자격증이 있는 사람이 필요했지만, 열 명 중 한 명이 겨우 조건에 맞는 정도였다.

오퍼레이터만큼은 아니라도 생산 라인에서 선별 공정을 맡을 작업자들을 충당하는 것도 만만치 않은 일이었다. 작업 자체는 단순한 편이지만, 근무 내내 서 있어야 하는 힘든 일이다 보니 사흘을 못 버티고 나가는 사람들이 속출했다. 게다가 3교대로 돌리려면 주야 근무를 번갈아가면서 해야 하는데, 들쭉날쭉한 출근 시간을 감당하기 힘들다며 그만두는 사람들도 많았다.

사람을 뽑은 뒤에도 해결해야 할 일이 많았다. 감자 라인에 필요한 인원수는 총 50명. 1교대를 3교대로 돌린다는 것은 100명의 사람이 늘었다는 뜻이었고, 100명이 늘었다는 것은 100인분의 시설이 보강되어야 한다는 의미였다. 피복, 캐비닛, 탈의실, 식당, 샤워실, 통근버스, 전기, 보일러⋯. 심지어 트럭들의 통행이 원활하도록 정문까지 넓혔다.

24시간 3교대 근무로 공장을 빡빡하게 돌리다 보니, 새로 들어온 젊은 직원들 사이에서는 볼멘소리가 흘러나왔다. 일도 좋고 인센티브도 좋지만, 쉬고 싶다는 것이었다. 충분히 이해할 수 있는 말이었지만, 공장장을 비롯해 문막 공장에 오래 근무한 직원들의 소회는 남달랐다.

'쥐구멍에도 볕 들 날 있다더니….'

쉴 새 없이 돌아가는 기계들을 바라볼 때마다 오래전 일들이 떠올라서, 공장장은 그렇게 중얼거리곤 했다. 이 거대하고 육중한 기계들이 멈춰 있던 시간들, 발주가 들어오지 않아 전 직원이 일손을 놓고 있던 날들….

문막 공장의 준공과 함께 해태가 감자칩 시장에 뛰어든 첫해는 나쁘지 않았다. 후발주자라는 것을 감안했을 때 만족스러운 결과였다고 볼 수도 있었다. 하지만 다음 해부터 경쟁사들이 물량으로 밀어붙이고 그다음 해에 IMF 사태가 터지면서, 이제 갓 걸음마를 시작한 문막 공장은 사면초가에 놓일 수밖에 없었다.

'우리 공장에도 좋은 날이 올까?'

한번 무너진 공장에는 좀처럼 재기의 기회가 찾아오지 않았다.

'원가를 낮추면 영업도 잘 되겠지.'

영업부에서 주문이 거의 들어오지 않는 상황에서 공장이 할 수 있는 일은 원가를 절감하는 것뿐이었다. '플러스는 못 만들어도, 마이너스는 안 된다'라는 생각으로 적자 나던 것을 제로까지 맞추느라 고군분투했던 날들이었다.

비록 1개 조이긴 해도 하루 8시간 생산에 돌입할 수 있게 된 것은 그나마 생생칩을 출시하면서부터였다. 여기에 2011년 감자스틱 라인이 도입되면서 상황이 조금씩 나아지긴 했지만, 해태의 다른 공장에 비하면 문막은 여전히 생산 금액이 턱없이 낮은 미운오리새끼 공장이었다.

어떤 공장이든 기계가 쉬면 손해가 나고, 기계가 돌면 이익을 낸다. 그러므로 그저 기계가 돌아가는 것, 가능하면 더 많이 돌아가는 것이야말로 문막 공장 사람들이 늘 바라왔던 일이었다. 끊임없이 돌아가는 기계와 컨베이어 벨트를 타고 내려오는 수천 개의 박스들, 제품을 싣기 위해 대기하고 있는 트럭들까지, 지금 공장에서 벌어지는 모든 일들은 그들이 항상 바랐으나

이루어질 거라곤 전혀 상상하지
못했던 장면이었다.

"그래, 누가 뭐래도 네가 효자다."

비록 몸은 힘들었지만 공장 사람들은 쉴 새 없이 돌아가는 기
계를 바라볼 때마다 허니버터칩이 대견하고 고마웠다.

한편 허니버터칩의 품귀 현상이 계속되자, 인터넷에는 문막
공장과 관련된 루머가 떠돌기 시작했다. 기계의 과부하로 가동
이 중지되었다느니, 공장에 화재가 나서 생산을 못하고 있다느
니 하는 헛소문이었다. 문막 공장에서는 소모 부품을 갈기 위해
1시간 정도 가동을 멈춘 적은 있어도, 생산이 중단된 적은 한 번
도 없었다. 그나마도 부품을 갈기 위해 한두 시간 기계를 놀린
날이면, 영업부에서 가장 먼저 난리가 났다.

"매일 1만 5,000박스씩 나와야 하는데, 어제는 1만 2,000박
스였잖아요. 이러면 우리는 바이어들한테 약속한 대로 갖다줄
수가 없다고요."

"그래도 갈아야 할 부품은 갈아야지, 우리 보고 어떻게 하란

말이야. 어쩔 수 없이 딱 1시간 쉬었을 뿐인데, 그걸 뭐라고 하면 우리는 어떻게 일을 하나."

허니버터칩 출시 이후 생산량을 최대로 늘린 날부터 지금까지, 문막 공장에는 명절도, 휴가도 없었다. 처음 3교대 근무가 시작된 그날 이후 문막 공장은 24시간 풀가동 중이다.

아무것도 하지 않는 것도
전략이다

이제 본격적인 마케팅을 시작해볼까

생산량 증대 지시를 내린 뒤, 내가 두 번째로 한 일은 마케팅 회의를 소집하는 것이었다. 상황이 너무나 달라졌으니, 애초에 계획해둔 마케팅 전략들을 재검토할 필요가 있었다.

회의실에 들어오는 마케팅·홍보팀 직원들은 뿌듯함을 감추지 못하는 표정이었다. 얼마 만의 대박 상품이란 말인가. 그것도 생전 듣도 보도 못한 열풍을 일으키고 있는 제품에 대한 마케팅·홍보를 본인들이 직접 진행한다고 생각하니, 그보다 더 뿌듯한 일이 없을 터였다. 아마 오늘 회의를 위해서 열심히 아이디어를 나누며, 다른 제품 같으면 비용 때문에 혹은 긴가민가 하는 생각 때문에 시도해보지 못했던 화려한 계획들을 엄청나게 많이 준비했을 것이다.

"우리가 현재 SNS에서 진행하고 있는 홍보 활동이 있나요?"

"특별한 건 없습니다. 워낙 제품 반응이 빨라서요. 지금은 회사 페이스북에 신제품 소개만 해놓은 상태이고요, 이제 제대로 시작할 때가 된 것 같습니다."

마케팅부에서는 허니버터칩 출시 전, 수십 번 고치고 고쳤던 마케팅 기획서를 회의실 화면에 띄웠다.

"보시다시피 출시 전 마케팅 기획서에서 우리가 계획했던 부분은 거의 들어맞았다고 볼 수 있습니다. 그런데 이 가운데 4P의 마지막 항목, 즉 프로모션Promotion 부분만큼은 예상을 거의 빗나갔고, 실행도 제대로 해보지 못했죠."

"맞습니다. 애초 우리는 감자칩 마케팅에 흔히 활용되는 네 가지 매체, 즉 TV, 라디오, 보드Board, 인터넷/SNS 가운데 TV, 라디오는 제외하고 인터넷/SNS 쪽에 집중하자는 전략을 세웠는데 이마저도 해보질 못했어요."

"이전에 계획을 세울 때는 TV와 라디오 광고는 아예 배제를 했었는데, 이참에 아예 우리도 다른 회사처럼 TV 광고를 해보는 건 어떨까요?"

"TV 광고라… 좋죠. 그런데 그게 먹힐까요? 허니버터칩은 완전히 새로운 루트로 뜬 과자인데, 전통적인 방식이 유효할 것 같지 않아요. 차라리 허니버터칩을 스타로 만들어준 SNS에 집중하는 게 맞지 않을까 싶은데요."

그 어느 때보다 회의는 활기를 띠었다. 미처 내가 끼어들 틈이 없을 정도였다.

찬물을 끼얹은 대표의 한마디

"하지 맙시다."

"네?"

"아무것도 하지 말자고요."

직원들은 저마다 짜온 마케팅·홍보 기획 전략을 발표하려다 엉거주춤 나를 바라보았다. 내가 무슨 생각으로 이런 소리를 하는지 당최 이해가 안 된다는 표정이었다.

'아무것도 하지 않기.'

내가 전면 수정한 마케팅 계획은 바로 이것이었다. 물론 이 방법이 효과적일지 아닐지는 나도 알 수 없었다. 난들 어떻게 알겠는가. 지금 SNS에서 벌어지는 일들, 허니버터칩과 관련된 이런저런 현상들, 그 모든 게 나도 처음 목격하는 것들인데.

통상적으로 소위 대박 난 제품의 경우에는 그 인기를 이어가기 위해 TV 광고나 라디오 광고를 하든 SNS를 충분히 활용하든 온 회사가 그 제품에 붙어 마케팅·홍보를 하는 게 맞다. 특히 허니버터칩은 SNS에서 인기를 끌고 있었으니 그 인기를 극대화시켜야 했고, 이를 위해서는 그 어느 때보다 적극적으로 나서는 게 당연한 수순이었다.

하지만 일반적이지 않은 현상에 일반적인 처방을 내리는 게 맞을까? 이제껏 쌓아온 노하우, 우리가 알고 있던 통계와 확률이 이 상황에서 유효할까?

내 직관은 그 모든 의문에 아니라고 대답하고 있었다. 결과는 확신할 수 없지만, 새로운 현상에는 새로운 대응이 필요하다는 것은 분명해보였다. 이제 우리가 믿을 수 있는 건 오로지 우리의 판단뿐이었다.

무엇보다 '아무것도 하지 않는 것'을 주문한 까닭은 허니버터칩에 관한 리뷰나 허니버터칩과 함께 찍은 셀카 열풍 등이 모두 SNS 유저들 각자의 자발성에서 비롯되었기 때문이었다. 배우도, 가수도, 주부도, 회사원도, 학생도, 모두가 허니버터칩 셀카를 찍고, 허니버터칩을 맛본 기쁨에 대해 글을 올리고 있다. 누가 시킨 것도 아니고, 허니버터칩을 홍보해주려는 의도도 없다. 그저 자기 자신을 위해서, 그렇게 하는 게 재미있어서 하는 행동이었다.

하지만 기업의 바이럴 마케팅Viral Marketing이란 어떤가. '판매 증대'라는 뚜렷한 목적을 가지고, 인위적으로 기획하고 의도적으로 활동하는 것이다. 한마디로 지금 일어나는 자연스러운 현상과 정반대 지점에 있는 것이다. 사람들의 순수하고 자발적인 행동에 우리의 의도적인 행위가 관여하는 순간, 그래서 사람들의 자발성과 순수성이 희박해지고 허니버터칩이 더 이상 재미난 놀이의 대상이 아니게 되는 순간, 이 현상은 빛을 잃는다는 게 내 생각이었다.

"그럼 우리는 이제 뭘 하죠?"

"지켜보는 거죠."

마케팅부는 적잖이 실망하는 눈치였다. 이제야 겨우 제대로 마케팅할 수 있는 제품과 환경을 만났다 싶었을 텐데 손발이 다 묶이고 말았으니, 얼마나 답답했을까.

그러나 아무것도 하지 않기로 한 마케팅 계획은, 이후 내부적으로 주효했단 평가를 받았다. 허니버터칩에 대한 대중의 열기는 식을 줄을 몰랐고, 판매량은 정점을 찍은 후 내려올 기미를 보이지 않았다.

결국 우리가 진행한 허니버터칩 홍보는 출시 초기에 어느 맥주 회사와 약속해둔 행사 하나가 전부였다. 맥주 여섯 개에 허니버터칩 한 봉지를 증정품으로 붙인 기획 상품을 내놓기로 한 것이었는데, 허니버터칩의 품귀 현상 이후 열린 이 행사 덕분에 그 맥주는 해당 매장에서 매출이 50퍼센트가량 증가하는 기염을 토했다. 신문 기사에 의하면 이 행사를 기획한 직원은 자신의 회사에서 상까지 받았다고 한다.

그 기사가 나간 이후, 다양한 곳에서 전화가 걸려왔다. 식음료 관련 회사는 물론이고 개업하는 식당, 치킨집, 입시학원에 이르기까지 다들 허니버터칩으로 행사를 하게 해달라고 요청했다. 하지만 우리는 더 이상 행사를 진행하지 않았다. 비싸게 굴려고 그런 것이 아니라 진짜 판매할 물량조차 없었다.

혼돈 속에 우리를 잡아준 건
원칙이었다

과자 한 봉지 때문에 협박까지

"여기서 이러시면 안 됩니다. 저희 입장도 좀 이해해주세요."

"아, 못 가. 1,000박스 못 받아오면 출근하지 말라는데 난들 어떡하라고?"

"저희도 입장은 이해하는데요, 이렇게 버티신다고 될 일이 아니라서 그럽니다. 이게 지금 며칠째입니까?"

"못 가! 1,000박스 주기 전까진 매일 올 테니까 그리 알라고!"

유통기획부 강 부장은 며칠째 해태제과로 출근 중인 CVS 수

석 바이어 때문에 아침부터 곤혹스러워하고 있었다. 요 며칠 사이 이런 바이어들이 끊이지 않았다. 상부에서 허니버터칩을 받아오지 못하면 아예 출근할 생각도 하지 말라고 했다며, 바이어들은 아침부터 해태제과 앞에서 진을 치고 있었다.

제조업체 입장에서 수석 바이어들은 얼굴 한 번 보기도 힘든 '높은 분'들이었다. 그런 사람들이 제 발로 찾아오는 것만도 당황스러운데, 그들의 요청을 들어줄 수 없으니 난감하기 이를 데가 없었다.

내줄 물량도 없지만, 있다 해도 줄 수 없는 일이었다. 만약 단 한 사람에게라도 예외적으로 물량을 내주어 그것이 선례가 된다면, 다른 바이어들도 해태제과 본사로 몰려와 허니버터칩을 내놓으라고 시위를 할 것이 뻔했기 때문이었다. 생각다 못한 강 부장은 허니버터칩의 생산 및 재고 데이터를 뽑아 바이어에게 내밀었다.

"자, 여기에 어제 몇 박스 생산했는지 나와 있죠? 저희가 각 고객사마다 얼마나 물량을 배분하는지도 적혀 있죠? 보세요. 판매량별로 칼같이 배분하고 있으니까요. 안 드리는 게 아니라 진짜 없어서 못 드리는 겁니다. 저희가 왜 거짓말을 하겠어요. 이

제 그만 돌아가주세요."

원래대로라면 바이어에게 내부 전산 데이터를 보여주는 것은 있을 수 없는 일이었다. 하지만 이렇게라도 하지 않으면 도저히 믿지 못하겠다니, 도리가 없었다. 상황이 이 정도 되자, 처음에는 물건을 내놓으라고 강짜를 부리던 바이어들은 안 되겠다 싶었는지 통사정을 했다.

"제발 좀 달라고, 응?"

겨우 바이어를 돌려보내고 나니, 오후에는 더 가관인 상황이 기다리고 있었다. 강 부장을 찾아온 영업부 정 대리는 울상을 하며 호소했다.

"그 점장님 때문에 돌아버리겠어요. 그분이 주변에 경쟁 점포가 많아서 매출에 엄청 신경을 쓰시거든요. 처음엔 허니버터칩 갖다달라고 애원하다가 제가 안 된다고 하니까, 요즘은 아예 협박을 하시는데 진짜 어떻게 해야 할지 모르겠어요. 부장님은 본부에 계시는 분이니까, 직접 이야기하면 듣지 않을까요?"

"무슨 협박을 하는데?"

"허니버터칩 안 주면, 우리 회사의 다른 제품들도 아예 안 받겠다는 거예요. 그래도 이 정도 협박은 양반이고요, 요즘은….

어휴, 더 말해서 뭐하겠어요."

"거 참, 알았어. 내가 통화해볼게."

강 부장이라고 별 뾰족한 수가 있는 건 아니었다. 하지만 매장에 나가는 영업사원들은 물량 부족을 온몸으로 체감할 수밖에 없고 그만큼 스트레스도 심할 테니, 윗사람으로서 이런 일이라도 도와줘야 한다는 생각이었다.

강 부장은 정 대리가 알려준 전화번호로 전화를 걸었다. 그 점장의 성마른 성격에 대해 이야기를 들어서인지 통화 연결음조차 다급하게 들렸다.

"저 해태제과 유통기획부…"

강 부장이 소속과 이름을 밝히자마자 다짜고짜 험한 말이 날아들었다.

"너 이 ××야, 너 ××, 내가 ××할 테니까 그런 줄 알아, ×× 이것들이 사람을 뭘로 보고….'

욕설을 듣고 있자니 강 부장도 슬슬 화가 치밀었다. 강 부장의 목소리가 높아지자, 상대는 더욱 심한 욕을 퍼부으며 협박을 하기 시작했다. 심지어 밤길 조심하라느니, 가만두지 않겠다느니 하는 위협까지 이어졌다. 강 부장은 마음대로 하라고 큰소리를 치며 전화를 끊어버렸지만, 순간 고민하지 않을 수 없었다.

'이거 진짜 막 찾아오는 거 아냐? 경찰에 신고를 해야 하는 거야, 말아야 하는 거야. 나 참, 과자가 뭐라고 이런 걱정을 하고 있나.'

기가 찰 노릇이었다. 영업부 정 대리가 나서서 중재를 한 덕분에 일은 그럭저럭 마무리되었지만, 강 부장은 앞으로의 일이 더 암담하게 느껴졌다.

'아이고, 도대체 이런 일을 얼마나 더 겪어야 하는 거야…'

인간관계 다 끊어져도 원칙은 원칙

필사적으로 허니버터칩을 찾는 건 거래처 바이어들뿐만이 아니었다. 언제부터인지 직원들과 함께 다니다 보면, 너나할 것 없이 휴대전화가 쉬지 않고 울렸다.

"어, 그래. 응. 아…, 그런데 그게 쉽지가 않거든. 나도 구경해 본 지 오래됐어. 아니, 그런 게 아니고. 미안하다, 미안해."

"무슨 전화를 그렇게 굽실거리며 받아요?"

"아, 오래전에 연락이 끊겼던 초등학교 동창인데요, 허니버터 칩 한 상자만 구해달라고….”

난감해하는 이 직원을 보며 옆에 있던 직원도 한마디 거들었다.

"저한테는 아침에 어떤 분이 전화를 해서 자기가 제 먼 친척인데, 허니버터칩을 구해달라는 겁니다. 처음 들어보는 이름인데 말이에요.”

해태 직원이라고 하면, 사돈에 팔촌까지 나서서 '허니버터칩 청탁'을 한다는 이야기였다.

처음에는 허니버터칩을 달라고 협박을 일삼는다는 바이어 이야기나 허니버터칩을 구해달라고 지인들이 계속 전화를 해온다는 이야기를 웃어넘겼지만, 시간이 지날수록 이것이 무척 심각한 일이라는 생각이 들었다.

'그래도 인지상정이라고, 너무 간절하게 부탁을 하면 마음이 동할 텐데. 사실 마음만 먹으면 공장이나 물류, 영업 쪽에서는 한두 상자씩 구해줄 수도 있는 거 아냐.'

상황을 누구보다 잘 알고 있기에 직원들이 그런 일을 할 리 없다는 걸 잘 알았지만, 인정을 무시할 수는 없는 노릇이었다.

당장 내 부모나 자식이 허니버터 칩 딱 한 상자만 구해달라고 부탁 한다면, 그걸 매정하게 딱 잘라 안 된다고 할 수 있을까?

나는 '아무것도 하지 않기'에 이 어, 두 번째 지침을 내렸다.

"단 한 봉지의 허니버터칩도 유출돼선 안 됩니다."

여기저기서 직원들의 불만들이 쏟아져나왔다.

"대표님 때문에 인간관계 다 끊어지게 생겼어요."

"어차피 주고 싶어도 줄 게 없지만, 어떻게 한 봉지도 안 된 다고 하세요?"

하지만 이 지침만큼은 예외 없이 단호하게 적용해야 한다고 생각했다.

"몰래 허니버터칩을 유출하다 걸리게 되면, 무거운 징계를 받을 겁니다. 만약 정해진 거래처 출고분 외에, 허니버터칩을 단 한 봉지라도 사용해야 할 일이 생기면, 나한테 직접 보고하세요."

나부터도 허니버터칩을 구해달라는 연락을 한두 번 받은 게 아니었다. 지인들은 으레 "네가 그래도 해태제과 대표인데…"라는 말로 청탁 아닌 청탁을 해왔다. 시간이 지날수록 성화가 심해, 언제부턴가는 아예 여러 사람이 모이는 모임에는 발길을 끊어버렸다. 어쩌다 지인들과 저녁식사라도 할라치면, "우리 아들이 허니버터칩을 먹고 싶어 하는데…"라든가 "거, 허니버터칩이 그렇게 유명하다는데 나는 아직…"으로 시작되는 대화가 끊이지 않았다. 나야말로 온갖 인간관계가 다 끊어질 위기 아닌 위기(?)에 처한 상태였다.

허니버터칩의 인기는 회사 안에서 일어나는 일이 언론에 바로 기사화되는 효과를 가져왔다. 직원들에게 "단 한 봉지의 허니버터칩도 유출돼선 안 됩니다"라고 말했던 것이 '해태제과 대표, 허니버터칩 유출 금지령'이라고 기사화되는 것을 보자, 허니버터칩과 관련해 말 한마디 하는 것도 조심해야겠다는 생각이 들 정도였다.

이런 상황에서 무엇보다 중요한 것은 원칙을 지키는 것이었다. 만약 내가 허니버터칩 유출을 금지하지 않았다면, 직원들은 끊임없이 여기저기서 허니버터칩을 구해달라는 요청을 받을 것이고, 알게 모르게 수많은 허니버터칩이 직원들을 통해 퍼져나 갔을지도 모를 일이었다. 그렇지 않아도 부족한 물량으로 고객들의 불만이 쇄도하는 상황에서, 그런 일은 고객과의 신뢰관계를 허물어뜨릴 여지가 충분한 것이었다.

원칙을 지킨다는 것은 뒤집어 말하면 예외를 인정하지 않는다는 단호한 의미이기에, 그만큼 불편한 일이기도 하다. 하지만 그런 원칙이 없다면, 혼란은 더욱 증폭되어 결국 자승자박하는 꼴을 당할 수밖에 없다. 허니버터칩처럼 출시 이후 상황이 혼돈의 도가니인 제품의 경우에는 그렇게 될 가능성이 더 클 수밖에 없었다. 나는 지금도 허니버터칩이 출시 이후 지금까지 지속적인 인기를 누릴 수 있었던 것이 이처럼 사소한 원칙들을 잘 지켰기 때문이라고 자부한다.

지침을 내렸으면, 이것을 제대로 이행하는 것 역시 원칙을 지키는 행동이다. 나는 내가 내뱉은 말을 지키기 위해 허니버터칩이 유출됐다는 의혹이 제기될 때마다 철저하게 사실 조사를 했고, 그 결과에 따라 칼같이 징계를 내렸다.

거짓도 과장도 없이, 그렇게 묵묵하게

비록 우리가 '아무것도 하지 말자'라는 마케팅 전략 아닌 마케팅 전략을 내세웠지만, 이것이 문장 그대로 손을 놓고 있자는 이야기는 아니었다. 정확하게 설명하자면, '아무것도 하지 말자'라는 말은 '선제적 홍보보다 모니터링을 통한 발 빠른 대응을 우선시하자'라는 의미에 가깝다.

허니버터칩이 유명해지면서 사건이 끊이질 않았다. 거의 이틀에 한 번 꼴로 생각하지도 못한 일이 터져나왔다. 어느 날은 사원이 허니버터칩을 비싸게 팔고 있다는 제보가 들어와서 내부 조사를 통해 시시비비를 가려야 했고, 또 어느 날은 누군가가 허니버터칩을 빼돌려 큰 이익을 봤다는 기사가 터져 경찰에 사건을 의뢰해 자초지종을 파악해야 했다. 다른 때 같으면 상황을 수소문하는 정도로 마무리했을 만한 작은 의혹들 하나까지도 철저히, 낱낱이 가려내려 애썼다. 허니버터칩에 대한 사람들의 관심이 높아질수록 별것 아닌 일이 부풀려지고, 뿌리 모를 루머들이 퍼져나갔기 때문이다. 진실은 과장되거나, 중요한 부분이 삭제되거나, 인과관계가 바뀌었다.

우리는 다시 한 번 원칙에 입각해 모든 것을 처리하기로 결정했다.

"오늘부터 전사적으로 팩트 베이스에 따른 관리^{Fact-Based Management}에 들어갑니다."

각종 의혹과 루머가 수시로 수면 위에 떠오르는 상황에서 우리는 억울해할 틈이 없었다.

"적어도 허니버터칩에 관한 한, 털어서 먼지 한 점 나오지 않을 만큼 정직해야 합니다. 아무리 말도 안 되는 이야기라 하더라도 대수롭지 않게 넘기지 마시고 일일이 해명해주세요. 단, 팩트에 입각해 진실만을 이야기해야 합니다. 사실을 조금이라도 과장하는 것도 절대 안 됩니다."

근원을 알 수 없는 말들이 부유할수록 우리는 정공법으로, 사실에 기반을 두고 대처하기로 했다. 그러자면 사소한 것도 솔직하게 말해야 했고, 무엇보다 머뭇거리는 일 없이 타이밍에 맞춰 제때 이야기해야 했다.

사내 모든 부서가 이 원칙을 머릿속에 입력하고 그에 맞춰 행동해나갔지만, 그 누구보다 발등에 불이 떨어진 것은 언론을 관리하는 홍보팀이었다.

"허니버터칩 진짜 인기가 많은데 매출이 ○○쯤 되죠?"

기자들이 이런 질문을 해오면, 실제로는 매출이 그 숫자에 못 미치더라도 "네, 그 정도 돼요"라고 답변하기도 한다. 매출액이 높을수록 크게 기사화될 수 있기 때문에, 이 정도 부풀리기는 애교로 취급되는 것이다. 하지만 홍보팀은 직원들 사이에서 너무 고지식한 대응 아니냐는 볼멘소리가 나올 정도로 숫자 하나까지 정확하게 매출 상황을 언론에 공개했다.

"초반에 SNS 홍보를 엄청나게 잘하셨나 봐요?"

이런 질문을 들었을 때도 마찬가지였다. 누군가는 이런 말을 들었을 때 별로 한 일이 없더라도 무언가 신경 써서 대단히 획기적인 마케팅을 했던 것처럼 포장하면 좀 어떠냐고 할 수도 있다. 사실 그렇게 대답한다고 해서 누구에게 해를 끼치는 것도 아니다. 그러나 원칙이란 한번 무너지기 시작하면, 복원하기 어려워진다. 그런 점에서 이 모든 유혹에도 불구하고 사소한 말 한마디도 허투루 하지 않는다는 의미를 지닌 팩트 베이스에 따른 관리는 우리가 반드시 지켜야 할 원칙이었다.

말의 내용만큼 말하는 시점도 중요하다. 무언가 문제가 생겼을 때 똑같은 사실을 말하더라도 '언제' 하느냐에 따라 그 진정성은 다르게 비친다. 만약 어떤 기업이 제품에 문제가 생긴 것을 파악했다고 치자. 그 당시에는 아무 말도 하지 않고 있다가 고객이 클레임을 넣은 뒤에야 "그게 사실은 어떻게 된 거냐 하면"이라고 자초지종을 이야기한다면, 그것은 정직이 아니라 마지못해 핑계를 대는 것에 불과하다. 분명 잘못을 했는데도 곧바로 사과하지 않고 고객의 컴플레인이 폭주한 뒤 사과한다면, 그것은 진정성 있는 사과라고 볼 수 없다.

따라서 정직에 대한 우리의 방침은 곧 신속함이기도 했다.

"고객이 알아야 할 일이 있다면, 남들이 지적하기 전에 우리가 먼저 말해야 합니다."

'아주 사소한 문제라도 생긴다면 누가 묻지 않아도 이야기해야 한다.' 이것까지가 우리가 생각하는 진짜 '팩트 베이스에 따른 관리'였다.

그러나 이러한 갖은 노력에도 불구하고 허니버터칩의 품귀 현상이 지속될수록 사람들의 부정적인 시각 또한 늘어갔다. 허니버터칩의 성공을 바라보는 사람들의 시선에는 놀라움, 동경, 감탄도 있었지만, 삐딱한 시선도 적지 않았다.

"이거 품절 마케팅 아냐?"

"고객들 경쟁 심리를 이용하는 거 같은데?"

"과자 한 봉지가 뭐 대수라고, 먹고 싶어 하는 사람을 완전히 갖고 노네."

"해태에서 사재기해서 일부러 못 구하게 만든 거라던데?"

물량이 부족한 것은 고객들에게 송구스러운 일이었지만, 회사가 수요를 통제해서 인위적으로 품귀 현상을 만들어내는 거 아니냐는 의심을 받을 때면 갑갑하기도 했다. 이미 출시 초반부터 판매량이 우리의 기대치를 훌쩍 뛰어넘었던 허니버터칩인데 그런 꼼수까지 쓰면서 판매할 이유가 없었다.

9월 이후 문막 공장은 쉬지 않고 돌아가고 있었고, 영업사원들은 공평하게 물량을 입점시키기 위해 온힘을 다해 뛰었다. 하지만 허니버터칩을 구매하지 못한 사람들은 고객센터로 전화를 걸었고, 고객센터에서 다 받아내지 못한 전화는 다른 부서, 다른 직원들에게까지 걸려왔다.

"니들 지금 숨겨놓고 안 파는 거지? 고객을 뭘로 보는 거야?"

성난 고객들에게 사실을 얘기해봤자 통할 리도 없지만, 그래도 우리는 매번 사실을 이야기했다. 그래야 하기도 했지만, 그럴 수밖에 없기도 했다.

돌이켜보면 우직하고 미련하기까지 한 대응이었다. 때로는 납득할 수 없는 진실보다 납득할 수 있는 거짓이 받아들이기 쉬울지 모른다. 에둘러 이야기했다면 비난을 피할 수 있었던 일들도 있었고, 굳이 먼저 나서서 이야기하지 않았다면 그냥 넘어갈 수 있는 일도 있었으며, 지나친 솔직함이 오히려 화가 되는구나 싶은 일도 있었다.

그럼에도 불구하고 나는 우리의 방식이 옳았다고 생각한다. 가끔은 답답했고 때로는 둘러가는 것처럼 느껴졌지만, 미디어의 채널이 다양해진 시대에 진실은 언제든 끝내 밝혀지게 마련이니까.

이 글을 쓰고 있는 지금까지도 허니버터칩 열풍은 사그라지지 않았다. 허니버터칩 관련 기사는 8,000건이 넘는다. 출시 이후 매일 20~30건씩 기사가 나온 셈이니 대단한 숫자다. 현재 허니버터칩의 인지도는 90퍼센트가 넘는다. 그야말로 오지에

살지 않는 이상 모르는 사람이 없는 것이다.

만약 우리가 팩트 베이스라는 원칙을 지키지 않았다면 어땠을까? 과장된 사실이나 거짓된 말로 잠깐의 위기를 모면할 수 있었을지도, 한동안은 더 큰 인기와 더 긍정적인 효과를 누렸을지도 모른다. 하지만 허니버터칩의 인기를 지금까지 지속시킨다는 건 불가능했을 것이다.

그러므로 내가 믿었던 것은 아주 단순한 진리다. 진심은 결국 통한다는 진리. 오래된, 하지만 언제나 유효한 진리 말이다.

빠르게 판단하고
신속하게 움직인다

허니버터칩은 운도 참 좋아

허니버터칩 열풍을 지속시키기 위해 우리가 가장 심혈을 기울였던 것은 감자를 수매하는 문제였다. 재료가 있어야 제품을 만들고, 제품이 있어야 팔 것 아닌가. 제 아무리 다른 부서에서 날고뛰어도 감자가 부족하면 끝이었다. 이것은 허니버터칩의 주원료가 공산품이 아닌 '생물'이라는 특수성과 관련이 있었다.

감자는 농가와 계약 재배를 하며, 매년 수매 물량이 정해져 있다. 영업부에서 판매량을 예측하면, 거기에 맞춰서 감자를 얼마나 사들일지 결정하는 것이다. 이렇게 계획적으로 해야 하는 이유는 감자가 생물이기 때문이다. 썩거나 싹이 나는 것도 문제지만, 감자는 호흡을 하면서 자신의 에너지를 소모한다. 그리고 감자가 에너지를 소모한 만큼 중량이 줄어든다. 이른바 '자연 감모' 현상이다.

감자가 자기 혼자 줄어봤자 얼마나 줄겠느냐고 생각할 수 있지만, 놀랍게도 감자를 한 달간 저장하면 전체의 3퍼센트 중량이 날아간다. 두 달을 저장하면 5퍼센트가, 석 달을 저장하면 7퍼센트가 자연 감모한다. 1,000톤의 감자를 저장했다면, 무려 70톤이 흔적도 없이 사라지는 셈이다.

저장 기간이 길수록 감모율은 올라가지만, 그렇다고 자연 감모를 막겠다며 미리 제품으로 만들어둘 수도 없는 노릇이다. 감자칩의 유통기한이 다른 과자보다 짧기 때문이다. 그래서 저장고에 있어도 곤란하고, 제품으로 만들어도 곤란한 게 감자다. 사들였으면 무조건 만들어야 하고, 만들었으면 팔아야 한다.

문제는 해태의 감자칩 매출이 오랫동안 한결같았다는 것이다. 낮은 매출이 일정하게 이어져왔기 때문에 영업부에서는 늘 같은 판매량을 예측했고, 공장에서는 항상 동일한 물량의 감자를 수매했다. 그렇게 8시간 1교대 생산 시스템을 유지하다 허니버터칩 출시 이후 24시간 3교대로 바뀌었으니, 감자도 3배 이상이 필요하게 되었다.

문막 공장의 저장고 안에는 컨테이너마다 감자가 그득히 채워져 있었다. 하지만 저장고를 둘러보는 공장장의 얼굴은 어두웠다. 평소 같으면 충분할 양이지만, 24시간 생산을 시작한 지금 저장고에 보관된 감자로는 한 달도 버티기 힘들었다. 이미 날짜는 10월 말이었고, 수확도 수매도 끝난 상황이었다. 가을 감자도 끝물인 이 계절에 도대체 어디에서 감자를 구할 것인가.

'허니버터칩 인기가 일시적인 현상이라 치자고. 그렇다 해도 지금 상황으로 봐서는 최소한 3개월 이상 이 열기가 이어질 텐데…. 우리가 보유한 감자만 가지고서는 12월까지 버티기도 힘들겠군.'

지금 눈앞에 보이는 감자로 가득 찬 저장고가 불과 한 달 후 텅 비어 있을 거라 생각하니 아찔하기만 했다.

공장장은 창고를 나와 사무실로 걸음을 옮겼다. 사무실에서는 품질관리팀의 최 팀장이 전화기를 붙들고 애원인지 협박인지 모를 부탁을 하고 있었다.

"어떻게든 감자 좀 구해주시라고요. 이거 안 해주시면 저 앞으로 형님 얼굴 안 볼랍니다. 우리 이렇게 인연 끊는 거요."

최 팀장만이 아니었다. 요즘 직원들은 하루에 평균 60~70통씩 전화를 해댔다. 자신이 아는 모든 인맥을 동원해 감자를 확보하기 위해서였다. 특히 현장에서 감자를 수매하는 일명 '필드맨Field Man'들은 자신이 아는 모든 농가에 일일이 전화를 걸어 물량을 만들려고 애쓰고 있었다.

필드맨들이 거래하는 사람들은 농가의 촌부들이다. 아는 사람이 자기 집 앞을 지나면 안으로 불러서 냉수라도 한잔 먹여야 하고, 계약을 할 때도 도장만 찍는 게 아니라 밤새 술잔을 기울여야 한다고 생각하는 사람들인 것이다.

그런 이들을 상대하는 일이다 보니 감자의 품질이 좋지 않거나 약속한 물량이 들어오지 않을 때에는 계약서를 들이대면서 따지는 것이 능사가 아니었다. 그렇게 한다고 해서 해결되는 일은 아무것도 없었다. 오히려 술 한잔 하면서 서로의 사정을 털어놓고 이해해가며 좋은 해결점을 찾아가는 것이 일반적인 방식이었다. 해태의 필드맨들 역시 이런 사정에 훤해서, 파종부터 재배와 수확에까지 관여하며 농가와 끈끈한 유대관계를 쌓아오고 있었다.

그렇게 만들어온 인간관계를 총동원한 것이 효과가 있었던 지, 11월이 되자 저장고에 감자가 속속 들어차기 시작했다. 10월과 11월 사이, 해태 직원들이 수단과 방법을 가리지 않고 강원도의 농가와 저장고에 있는 감자란 감자를 모두 싹쓸이해온 것이었다.

발등에 떨어진 급한 불은 껐지만, 그렇다고 손을 놓을 수만은 없었다. 국내에서는 감자 수확이 끝났으니, 이제 수입 감자를 확보해야 할 때였다. 미국 공급사에 당초 수매하기로 한 감자 2,000톤을 5,000톤으로 늘려서 발주한 것까지는 좋았는데, 청천벽력 같은 소식이 들려왔다. 미국 서부 항만노조가 파업을 하면서, 시애틀 항으로 들어갔던 감자들이 그곳에서 발이 묶여 꼼짝도 하지 못하고 있다는 이야기였다.

'서부의 모든 항만에서 짐을 싣지 않는다니, 우리도 이제 길이 막혔구나.'

공장장은 한숨을 길게 내쉬었다. 더 이상은 어떻게 손쓸 도리가 없다는 생각에 눈앞이 캄캄한 그때, 본사에서 기적 같은 소식이 들려왔다.

"공장장님, 우리 살았어요. 살았다고요."

"대체 무슨 말이야? 곧 감자가 다 떨어지게 생겼는데."

"다른 회사에서 발주한 감자들은 모두 발이 묶였는데, 우리가 발주한 감자 5,000톤만 지금 배로 들어오고 있대요. 하하하!"

"뭐라고? 그게 무슨 뚱딴지 같은 소리야?"

알고 보니 상황은 이러했다. 감자를 공급하는 미국의 메이저 회사들은 대부분 시애틀에 포진해 있어서 국내의 다른 감자칩 생산 업체들은 모두 시애틀 항을 이용했다. 하지만 우리는 병충해 청정 지역이면서 품질이 더 좋은 포틀랜드에서 감자를 구매하기 때문에 포틀랜드 항을 이용했다. 그런데 공교롭게도 이번 파업 사태에서, 유일하게 딱 하나 열려 있던 항구가 포틀랜드였다는 것이다. 무사히 다음해 감자까지 확보한 공장 사람들은 그제야 가슴을 쓸어내리며, 이런 말을 나누었다.

"허니버터칩이 운도 참 좋아, 그치?"

열심히 노력하는 자에게는 행운이 함께한다는 말. 너무 많이 들어서 식상하게 느껴지는 이 말을 우리는 종종 잊고 산다. 그러나 공장 사람들은 허니버터칩을 통해 그 말이 담고 있는 진실을 비로소 깨달은 기분이었다.

전례가 없다면, 상상만이 답이다

시간이 지날수록 허니버터칩과 관련된 크고 작은 이야기들은 모두 사람들의 입에 오르내리는 상황이 되어갔다. 심지어 허니버터칩 개발에 관여한 몇몇 직원들에게 포상을 한 일이 방송이나 신문도 아닌 증권가 찌라시에 실릴 정도였다. 어디 그뿐인가. 직원들로부터 황당한 보고를 받는 일도 끊이지 않았다. 하루는 마케팅부 직원이 최근 공장과 연구소 사이에서 일어난 '배달 사고'에 관해 전해왔다.

"연구소가 품질관리를 위해서 정기적으로 제품을 받아야 하지 않습니까. 그런데 공장에서는 제품 한 박스를 보냈다고 하고, 연구소에서는 못 받았다고 하…. 그런 식으로 몇 달째 허니버터칩이 배달되지 않는 경우가 수시로 일어나고 있답니다."

"무슨 배달 사고가 그렇게 자주 일어납니까?"

"그게, 공장에서 혹시나 하는 생각에 허니버터칩을 허니버터칩 상자 말고 다른 과자 상자에 담아서 부쳤더니, 그때부터 제대로 도착하더랍니다."

배달 사고는 비단 연구소와 공장 사이에서만 일어나는 일이 아니었다. 박스째 허니버터칩을 배송받기로 했던 고객들에게서 제품을 받지 못했다는 클레임이 부쩍 늘어나는 상황이었다.

"통제할 수 없는 일들이 점점 늘어가고 있어 걱정입니다."

허니버터칩이 성공적으로 시장을 휩쓸고 있다는 사실은 환영할 만한 일이었지만, 시간이 갈수록 직원들은 처음 겪는 일들로 난처해하고 있었다. 홍보·마케팅부는 허니버터칩과 관련된 수많은 사건사고에 대처하느라 애쓰고 있었다. 영업부는 부족한 물량 때문에 거래처의 신임을 잃지는 않을까 노심초사하고 있었고, 물류팀은 24시간 출고되는 물량을 적시에 배송하기 위해 밤낮없이 일했다. 연구소, 유통기획부를 포함해 해태제과의 전 직원들이 최선을 다하고 있었지만 다들 처음 겪는 일이니만큼 어렵고 난감한 일이 끊이지 않았다.

"낯선 상황이 숨쉴 틈 없이 계속해서 몰아닥치니 그럴 만도 하죠. 앞으로 이런 일들이 점점 더 많아질 텐데….”

나는 구체적인 해결 방법이 없는 상황에서, 어떻게 하면 직원들이 지치지 않고 일할 수 있게 도울 수 있을까 이런저런 고민에 휩싸였다.

‘아니, 직원들 생각을 하기 전에, 나라면 어떻게 했을까? 나라면….’

낯선 문제들을 100퍼센트 완벽하게 처리할 수 있는 사람은 세상에 없다. 다만 실패 가능성을 줄이는 것은 가능하다. 바로 ‘상상’을 통해서다.

나는 직원들에게 ‘왓 이프What If’를 강조했다. ‘이런 경우에 A의 행동을 한다면, 어떤 결과가 나올까?’ ‘저런 경우에 B의 행동을 하면, 어떻게 될까?’ 하는 식으로 왓 이프를 생각하고, 거기에 따른 시나리오를 스스로 떠올려보는 것, 그리고 각 시나리오의 장단점을 분석하는 것. 이는 내가 겪어보지 못한 일을 머릿속으로 미리 겪어보는 과정이며, 참고할 만한 전례가 없는 때일수록 일의 시행착오를 줄여주는 역할을 한다. 각 현장에서 벌어지는 모든 상황을 매뉴얼화해 일률적으로 처리할 수 없는 우리의 현실에서, 왓 이프는 직원들의 혼란을 줄여주는 가장 좋은 방법이었다.

"머릿속으로 시나리오를 그려보세요. 그리고 가장 좋은 결과를 낼 것 같은 방법을 각자 찾으세요. 그런 경험이 쌓이다 보면, 우리 시스템을 어떻게 개선해나가야 할지 방법이 보일 겁니다. 허니버터칩과 관련된 굵직한 문제들은 본사에서 처리하겠지만, 현장에서 벌어지는 그보다 작은 문제들은 현장에 계신 분들이 가장 잘 해결할 수 있습니다. 무엇이든 제안해주세요. 적극 반영하고 지원하겠습니다."

나는 우리 직원들을 믿었다. 실제로 직원들의 반응은 즉각적이었다. 각 팀에서 애로사항을 줄여가기 위한 아이디어를 하나둘 내기 시작한 것이다.

전 직원이 해결사

"저는 편의점에서 일하고 있는데요. 일이란 게 늘 힘들지만 요즘 같아선 정말 그만두고 싶어요. 고객들이 저랑 마주치기만 하면 '허니버터칩 언제 들어오냐' '허니버터칩 왜 안 들어오냐'

그러는데 스트레스받아서 못 살겠어요. 이게 다 해태에서 허니버터칩을 많이 못 만드니까 겪는 일이잖아요. 저한테 정신적 보상을 해주셔야 한다고요."

"우리 딸이 미국에서 유학 중인데 허니버터칩 좀 보내달랍니다. 내가 몇 달을 그거 구하려고 애를 썼는데 허탕을 쳤다고. 딸이 한국에 있는 것도 아니고 이역만리 타국에서 그거 먹고 싶다는데, 해태에서 우리 딸한테 한 박스만 보내줘요. 뭐? 안 된다고? 제품이 없다고? 이거 안 되겠구먼. 사장 바꿔!"

어떤 제품이 히트를 한다는 것은 사람들이 그 제품을 좋아한다거나 먹고 싶어 한다는 것만을 의미하지 않는다. 인기가 가진 양면성은 허니버터칩에도 똑같이 적용되었다.

허니버터칩 때문에 스트레스를 받는 사람, 허니버터칩 때문에 화가 난 사람, 허니버터칩에 관해 불만을 가진 사람은 밤낮을 가리지 않고 우리 회사로 전화를 걸어왔다. 최전방에서 고객의 목소리를 들어야 하는 고객만족팀 직원들은 온종일 울려대는 전화기를 붙들고 눈코 뜰 새 없는 나날을 보내야만 했다.

평소 고객만족팀에 접수되는 문의는 1일 100여 건 정도였지만, 이 건수는 허니버터칩 출시 이후 3배 이상 늘어났다. 왜 허니버터칩을 구할 수 없느냐는 항의에서부터 구매
방법에 관한 문의, 허니버터칩을 구하지 못한
것에 대한 화풀이, 어떻게 해서든 한 봉지
만 보내달라는 막무가내식 애원, 행사와
이벤트 제안 등 전화의 내용도 가지각색이
었다. 그중에는 어떻게 대응해야 할지 막막한
전화도 많았다.

"해태 생생칩을 샀는데, 색깔이 이상하다니까요. 다른 건 색
깔이 노란데, 딱 하나만 갈색에 가깝다고요. 아뇨, 다른 건 필요
없고요, 허니버터칩으로 교환해주세요."

"허니버터칩을 겨우 구했는데요. 끝부분이 탄 것처럼 거뭇해
요. 이거 문제 있는 거 맞죠? 허니버터칩 한 봉지 더 줄 수 있
어요?"

허니버터칩을 비롯한 감자칩들은 생감자라는 원료의 특성상,
껍질이나 타박에 의해 색이 변조될 수도 있고, 감자를 기름에 튀
기는 과정에서 탄화 현상이 발생할 수도 있다. 하지만 고객들은
조금만 이상한 점이 보여도 클레임을 제기했고, 다른 보상이나
환불 대신 허니버터칩으로 바꿔줄 것을 요청했다. 특히 허니버

터칩이 아닌 제품에 대한 클레임을 제기하면서 허니버터칩으로 보상해달라는 고객도 적지 않았다.

그러나 허니버터칩 구하기가 하늘의 별 따기가 되면서 본사에서마저 물량을 확보하는 것이 어려운 상황이었다. 본사 직원들 중에는 "난 출시 이후 허니버터칩을 구경도 못 해봤다"라는 직원이 수두룩했다. 이런 사정을 설명하고 다른 제품으로 보상해드리겠다고 하면, 고객들은 시간이 얼마가 걸려도 좋으니 꼭 허니버터칩을 보내달라고 신신당부 내지는 협박을 해왔다.

마감 직전까지 목이 쉬도록 전화를 받아내는 고객만족팀 직원들은 하루하루가 전쟁이었다. 아무리 통화량이 많을 때에도 단 한 사람의 고객에게조차 소홀할 수가 없었다. 허니버터칩의 인기는 고객들의 입소문 덕분이었다. 한 명의 고객에게라도 응대를 적절히 하지 못해서 SNS에 나쁜 소문이 퍼지면, 허니버터칩 인기의 요람이 되었던 SNS는 순식간에 허니버터칩의 무덤으로 바뀔 것이었다.

고객만족팀은 신속하고 전문적인 대응을 하려면 어떻게 해야 할까 고민한 끝에, '내가 고객이라면, 전문가의 이야기를 듣고 싶을 것이다'라는 시나리오를 머릿속에 그리게 되었다.

"그간 고객으로부터 걸려오는 모든 전화는 저희 팀에서 처리를 해왔는데요. 사실 전문적인 부분은 해결이 쉽지 않아 고객들이 응답에 만족하지 못하는 경우가 많았습니다. 그래서 문의 내용에 따라 고객 전화를 관련 팀에 연결시키는 시스템을 도입하면 어떨까 생각했습니다."

좋은 아이디어였다. 고객만족팀의 아이디어를 반영한 이후 행사 문의는 이벤트 담당자에게로, 제품 공급 문의는 영업과 기획부로, 언론 관련 문의는 홍보팀으로 돌리는 것으로 시스템을 개선할 수 있었다.

행여 허니버터칩의 이미지에 흠집이 나지 않을까 불철주야 애쓰는 사람들은 고객만족팀 직원들만이 아니었다. 제품의 품질을 유지해야 하는 안전보장원 직원들 역시 매일이 긴장 모드였다.

시중에서 허니버터칩을 구매하기 어려워지자, 중고 사이트에서 낱개 판매되는 허니버터칩을 사먹거나, 여러 명이 모여 한 봉지의 허니버터칩을 나눠먹는 진풍경이 벌어지게 되었다. 자칫 가십으로 넘길 수도 있는 일이었지만, 우리 입장에서는 '한 조각의 허니버터칩이 평가의 전부가 될 수 있다'라는 무서운 의

미이기도 했다.

누군가 허니버터칩을 딱 한 조각 먹었는데 그것의 품질이 다른 것보다 떨어진다면, 그리고 그 후기가 SNS에 올라간다면, 그 한 조각의 평가는 허니버터칩을 먹어보지 못한 사람들에게 허니버터칩에 대한 평가의 전부일 터였다. 안전보장원 사람들이 최상의 품질을 확보하고 감자칩 한 조각, 한 조각의 맛을 균등하게 유지하기 위해 밤낮없이 업무에 매진할 수밖에 없는 이유였다.

밤낮없이 일하는 건 물류팀도 마찬가지였다. 원래는 저녁 시간에 하차를 할 수 없기 때문에, 오후에 물건이 들어오면 다음 날 오전에 하차를 하는 것이 보통이었다. 그러나 허니버터칩은 배송에 촌각을 다투는 제품이니만큼, 물류팀 직원들은 야간에도 하차를 하는 시스템을 도입했고, 그 결과 하루치 재고를 줄일 수 있었다.

물류팀 또한 다른 부서처럼 업무 능률 향상을 위해 시스템을 하나씩 바꿔나갔다. 그중 하나가 '허니버터칩 존Zone'을 만든 것이었다. 물류센터에 들어온 제품들은 입고 시점에 위치를 정하여, 받침대Rack에 적재하도록 되어 있다. 하지만 허니버터칩은 어차피 입고되기 무섭게 전량이 출고되었기 때문에 기존의 적재 방식이 효율적이지 않았다.

별도의 허니버터칩 존을 만들면서 직원들의 업무 능률이 향상된 것은 물론, 또 다른 문제들도 함께 개선되었다. 허니버터칩은 한 박스라도 잃어버리면 영업소에서 클레임이 들어오기 때문에 재고를 파악하는 데 민감할 수밖에 없었는데, 허니버터칩 존을 만들면서 파손과 분실 문제가 깨끗하게 해결된 것이었다.

이렇게 전 부서가 긴밀히 움직이며, 현장의 문제를 스스로의 아이디어로 하나씩 풀어나가기 시작하자 회사는 그제야 한숨을 돌릴 수 있게 되었다.

우리는 모두가 한마음, 한뜻이었다. 우리를 움직인 동력은 어쩌면 '최선을 다하지 않으면, 허니버터칩의 히트가 한순간에 끝나버릴 수도 있다'라는 절박한 시나리오였는지도 모른다. 그 절박한 시나리오를 가슴에 품고 있었기에 우리는 누가 보든, 보지 않든 각자의 자리에서 땀 흘려 제 몫을 해내고 있었을 것이다.

허니버터칩이
우리에게 남긴 것들

실시간 검색어 1위에 오르다

"대표님, 보셨어요? 지금 허니버터칩이 실시간 검색어에 올
라왔어요!"

어느 날 업무를 보고 있는데, 난데없이 홍보팀에서 연락이 왔
다. 나는 얼른 포털 사이트에 들어가 실시간 검색어 순위를 살
폈다. 정말 허니버터칩이 실시간 검색어에 올라와 있었다. 나는
연신 새로고침 키를 누르며, 행여 순위가 더 올라가진 않을까 노
심초사 화면을 바라보았다.

'올라간다. 올라간다. 3등… 2등…. 그래, 조금만 더! 아, 다시 4등이네.'

심호흡을 한 뒤 다른 창을 띄워 업무를 보았지만 마음은 온통 실시간 검색어 순위에 가 있었다. 나는 잠시 후 포털 사이트 창을 열고 초조하게 검색어 순위를 확인했다.

'아, 다시 올라가고 있군. 조금만 더, 조금만 더…. 2등… 1등!!!'

나는 나도 모르게 큰 소리로 "1등!"을 외치고 말았다. 아마 바깥에 있는 비서가 내 목소리에 적잖이 놀랐을 것이다.

나는 그날 내내 포털 사이트 실시간 검색어에서 눈을 뗄 수가 없었다. 올라간 순위가 행여 떨어지지나 않을까 한참을 뚫어지게 바라본 것이다.

과자가 실시간 검색어 1위를 차지한 것은 그야말로 기념비적인 사건이었다. 허니버터칩에 대한 사람들의 관심과 그것이 온라인에서 떨치는 위력을 다시 한 번 실감한 나는, 이후 인터넷에 올라오는 허니버터칩에 대한 리뷰나 각종 에피소드를 모니터링하는 데 적지 않은 시간을 투자했다. 좋지 않은 이야기는 당연히 제품 개선을 위해 새겨들어야 했고, 좋은 이야기는 직원들과 공유하며 전사적인 사기 진작에 활용했다. 그중에서도 허니버터칩 때문에 생긴 재미있는 사건은 우리 모두에게 커다란 활력소가 되어주었다.

어떤 여성은 남자친구가 자신에게 주려고 허니버터칩을 사서 지하철을 탔다가, 지갑도 아니고 달랑 허니버터칩 한 봉지를 소매치기 당했다는 웃지 못할 이야기를 트위터에 올렸다. 이 트윗은 하루 동안 4,500회 이상 리트윗되며 사람들에게 다양한 반응을 자아냈다.

남성 이용자가 많은 한 사이트에는 허니버터칩을 들고 길거리에 서 있었더니 예쁜 아가씨가 하나만 먹어봐도 되냐고 말을 걸어서, 허니버터칩을 준 뒤 전화번호를 받았다는 글이 올라왔다. 이 글은 외로움에 몸부림치던 남성 솔로 대원들의 열화(?)와 같은 지지를 받으며, '허니버터칩을 들고 있으면 헌팅을 할 수 있느냐, 없느냐' 하는 토론으로까지 번졌다.

그런가 하면 중고 사이트에는 허니버터칩을 대리 구매해주겠다는 신종 아르바이트가 출현하기도 했고, 급기야 허니버터칩을 4~5배 이상 비싸게 파는 암표상 아니 암과자상까지 등장하기도 했다.

인터넷에 올라온 다양한 사연들을 크게 세 가지로 나누면 '심
봤다' '허니버터칩 금단 현상' '황당 판매 사례' 정도가 될 것 같다.

일단 첫 번째 유형인 '심봤다'는 운 좋게 허니버터칩을 얻게
된 사람들의 이야기다. 손주들을 위해 아침부터 대형마트 앞에
줄을 섰다는 할아버지는 한 손에는 허니버터칩을 들고, 다른 손
으로는 승리의 브이ⅴ를 그리며 활짝 웃는 사진을 인터넷에 올렸
다. 편의점을 수십 군데 돌아서 드디어 허니버터칩을 발견했다
는 한 SNS 사용자는 매대에 있던 다섯 봉지의 허니버터칩을 몽
땅 들고 카운터에 갔더니, 아르바이트생이 자기도 먹게 한 봉지
만 남겨달라고 부탁해서 네 봉지만 구입했다는 훈훈한 미담(?)
을 전했다. 심봤다 유형의 게시물 아래에는 항상 부러움과 질투
를 동반한 댓글이 달렸고, 몇 날 몇 시 어디에서 구했느냐며 육
하원칙에 입각한 정보를 요청하는 댓글도 빠지지 않았다.

두 번째 유형은 출시 초기에 허니버터칩을 먹은 뒤 더 이상
구할 수 없게 되자, 금단 현상을 호소하는 게시물이었다. 전날
밤 마지막 남은 허니버터칩을 먹고 나자 길바닥의 은행잎이 허
니버터칩으로 보인다며 은행잎 사진을 올리는 사람이 있는가
하면, 금단 현상을 다스리기 위해 빈 봉투의 냄새를 맡고 있는

안타까운 모습의 사진을 올리는 사람도 있었다.

　세 번째 유형은 황당 판매 사례였다. 중고 사이트에서 허니버터칩을 개당 500원에 팔고 있다며 누군가 소형 지퍼팩에 낱개로 들어 있는 허니버터칩 사진을 올리자, '저걸 진짜 사는 사람이 있느냐' '웃자고 올린 사진 아니냐' 등의 댓글이 달렸다. 하지만 이 댓글들에서 제시한 의혹은 맨 아래 "저 다섯 개 샀는데요"라는 누군가의 고백과 함께 종결되었다. 심지어 허니버터칩의 향을 맡아볼 기회라며 빈 봉지 사진을 올려놓은 사람도 있었다. 대부분 이건 너무 심하지 않느냐는 반응이었지만 그것조차 사겠다는 사람이 나타났다.

　어느 편의점 점주는 첩보 수준의 허니버터칩 판매 스킬을 보여주었다. 평소 허니버터칩이 들어오면 꼭 한 봉지 사게 해달라고 했던 과자 단골 고객에게 "쉿!" 하고 손가락을 입에 갖다 대며 주위를 살피더니 "하나 할래?"라고 묻고는 카운터 밑으로 검은 봉지에 든 허니버터칩을 내밀었던 것이다(이 고객은 내용물을 알 수 없는 검은 봉지 사진을 올리며, 마약을 거래하는 기분이었다고 구매 당시를 회상했다). 한편 또 다른 매장에서는 '꿀꽈배기' '버터링' '포카칩' 3종을 묶어서 허니버터칩이라는 이름으로 판매하고 있는 장면이 유포되기도 했다(유감스럽게도 이 과자들 중 해태 제품은 버터링뿐이다).

하지만 뭐니 뭐니 해도 가장 흔한 사례는 단연 허니버터칩 구매 실패 사례였다. 대형마트 과자 코너에서 다양한 브랜드의 감자칩들 사이로 보이는 휑한 빈 자리(원래는 허니버터칩이 있어야 할 자리)를 찍은 사진, 허니버터칩 품절을 알리는 안내 문구를 찍은 사진은 흔한 수준이었다. 편의점과 대형마트를 백 군데 넘게 돌고도 허니버터칩을 못 구했다며, 한 봉지를 10만 원에 살 의향이 있다고 5만 원권 지폐 두 장을 올린 사람도 있었다.

제과회사 대표로 있으면서 고객에게 손 편지를 받은 것도 이번이 처음이었다. 어떤 여성분은 자기 아이가 그린 허니버터칩 그림을 보내왔고, 어느 시골 할아버지는 자기 손주한테 선물하고 싶다며 허니버터칩 한 봉지만 보내달라는 편지를 직접 써서 보내주셨다. 고객들이 손으로 쓴 편지가 나한테 전달될 정도이니, 홈페이지는 말할 것도 없었다. '고객의 소리'는 매일 허니버터칩과 관련된 사연으로 넘쳐났다.

"우리 아이의 반 친구가 허니버터칩 한 봉지를 가져와서 자랑을 했다고 합니다. 아이는 하나만 달라고 부탁하다가 친구가 주지 않자 실랑이를 하게 되었고요. 서로 밀치고 싸우다가 제 아이가 넘어지면서 찰과상을 입고 팔뼈에 금이 갔는데, 병원을 나와서도 허니버터칩 먹고 싶다는 소리만 되풀이하더군요. 싸우고 다치기까지 했는데, 결국 못 먹었다면서요. 어찌나 속상하던지…. 제 아이도 제 아이지만, 반 친구들이 화해할 수 있도록 허니버터칩 한 상자를 학교에 보내고 싶은데, 혹시 한 상자 판매해주실 수 있을까요?"

"저희 와이프가 임신했을 때부터 허니버터칩이 먹고 싶다고 많이 졸랐습니다. 저는 구해주지 못했고요. 출산 후 산후우울증으로 힘들어하는 와이프와 싸움이 잦아지면서 지금은 부부 사이가 많이 벌어진 상태입니다. 나름대로 화해의 제스처를 취해봤지만, 너무 늦어버린 건지 아내는 갈수록 냉랭해지기만 하네요. 어떻게 관계를 회복해야 하나 고민하다가 생각난 것이 허니버터칩입니다. 임신했을 때부터 노래를 불렀던 허니버터칩을 사다주면 좋아하지 않을까 싶어서요. 그런데 한 달째 100군데도 넘게 돌아다니면서 구경조차 못 했네요. 남들이 보면 웃을지 모르겠습니다만, 저는 정말 절박한 심정입니다. 저희 가정의 평화를 위해서 몇 봉지만, 아니 한 봉지만이라도 파실 수 없을까요?"

다행이다. 정말 다행이다

초도 물량이 완판되면서, 허니버터칩의 매출은 출시 석 달 만에 50억 원을 넘어서고 있었다. 출시 당시 예상했던 매출액의 무려 10배가 넘는 금액이었다. 허니버터칩의 마케팅 기획서에서 마지막 순간까지 골머리를 썩게 했던 밸류 프로포지션이 효과적으로 맞아떨어진 셈이었다.

'와인 테이스팅을 그대로 가져온 오감 만족의 과자'는 생각하기에 따라 황당한 콘셉트일 수 있다. 1,500원짜리 과자로 3,000원어치의 효용만 얻어도 적지 않은 가치인데, 아무리 저렴한 와인도 5,000원 이상은 되니 그 괴리감이 크게 느껴지는 게 당연할 것이다.

나는 허니버터칩이 만들어낸 수많은 현상들을 목격할 때마다, 허니버터칩이 고객들에게 1,500원보다 훨씬 큰 가치를 주고 있다는 데 자부심을 느꼈다. 그러면서도 한편으로는 중고 사이트에서 낱개 판매되는 허니버터칩을 사먹었다거나, 열댓 명의 친구들이 모여 허니버터칩 한 봉지를 나눠먹었다는 글을 볼 때면 안타까운 마음도 들었다.

'단계별로 느끼는 맛' '오감 만족의 과자'가 이 제품의 콘셉트인데, 낱개로 구매한 허니버터칩에서 어떻게 봉투를 뜯는 순간의 진한 향을 느낄 수 있겠으며, 여러 사람이 모여 과자 하나씩을 먹는 상황에서 어떻게 단계별로 천천히 맛을 음미할 수 있겠는가. 부족한 물량 탓에 고객들이 허니버터칩의 진가를 느끼지 못한다고 생각하면, 그때나 지금이나 죄송한 마음뿐이다.

'그나저나 허니버터칩이 그렇게 맛있나?'

나는 인터넷에 올라온 다양한 사연들을 읽으면서 허니버터칩의 맛을 떠올려보려고 했다. 하지만 테스트 과정에서 함량과 비율이 맞지 않는 샘플만 잔뜩 먹었던 탓인지, 진짜 허니버터칩의 맛은 가물가물하기만 했다.

어느 날, 나는 회사에 있는 허니버터칩 한 봉지를 어렵게 구해 은밀히 내 사무실로 가지고 올라갔다. 봉투를 뜯는데, 어쩐지

떨리고 긴장되었다. 진짜 맛있을까? 허니버터칩이 일부 사람들에게 과대평가된 것은 아닐까? 생각보다 맛이 없으면 어쩌지?

나는 봉투를 뜯고 진한 버터 향과 달콤한 꿀 냄새를 한참 맡았다. 여전히 긴장한 채 허니버터칩 하나를 입에 넣고 천천히 씹어보았다. 그리고 바삭바삭한 감자칩이 부서지는 소리를 들으며, 꿀꺽 목구멍으로 넘긴 순간.

아아, 진짜 맛있었다.

영업사원들이 웃을 수 있는 이유

영업사원들이 매장에서 경험하는 물량 부족의 문제는 본부에서 느끼는 것과 차이가 있었다. 본부에서는 업체와 업체를 비교하지만, 매장에서는 지점과 지점을 비교했다.

같은 업체의 각 지점들이 가까운 거리에 위치해 있다 보니, 업체들은 다른 지점의 매출에 휜했다. 예를 들어, A마트 중동점에

허니버터칩이 들어가서 사람들로 북새통을 이루면 불과 1킬로미터밖에 떨어져 있지 않은 계양점에서 불만이 터져나오는 식이었다.

"왜 저기는 허니버터칩을 저만큼 주고 우리는 이것밖에 안 줘?"

해태의 영업사원이라면 단 하루도 이 소리를 듣지 않고 넘어가는 날이 없을 정도였다.

공정한 배분을 위해 각 업체가 가진 해태 매출량에 따라 허니버터칩의 공급량을 결정하기로 내부 방침을 세웠지만, 이것도 완벽한 해결책은 아니었다. 납품 업체로서 유통 업체한테 "저희는 이런 기준으로 허니버터칩을 이만큼씩만 드리겠습니다"라고 먼저 말하는 것도 우리에게는 처음 있는 일이었다. 언제 끝날지 모르는 야자게임을 하는 것처럼 갑을 관계가 뒤바뀐 듯한 상황도 조마조마하고, 이제껏 거래가 없던 백화점들까지 허니버터칩을 입점시켜달라고 압박해오는 상황이 곤혹스럽기도 했다.

"우리 주기로 한 거 딴 데 준 거 아냐?"

부족한 수량 때문에 이런 의심이라도 받게 되면 이제껏 힘들게 쌓아둔 신뢰가 깨질까 봐 걱정이었다.

벅찬 요구량과 부족한 생산량 사이에서 치이는 건 영업사원들만이 아니었다. 바깥에서 시달리고 온 영업사원들로서는 유통기획부를 압박할 수밖에 없었다. 유통기획부의 강 부장은 영업사원들의 허니버터칩 배분 문제로 골머리를 앓았다.

'허니버터칩을 많이 받아간 사람은 목표 달성률이 높고, 허니버터칩을 적게 받아간 사람은 달성률이 낮으니, 이 일을 어쩐담?'

이전의 매출 실적 기준으로 허니버터칩을 나눠주다 보니, 매출이 높았던 영업사원은 목표 달성률이 점점 더 높아지고, 매출이 낮았던 영업사원은 목표 달성률이 점점 더 낮아지는, 목표 달성의 부익부 빈익빈 상황이 벌어지는 것이다. 이런 양극화 현상은 시간이 지날수록 더 심해질 수밖에 없다는 것이 불 보듯 뻔한 이치였다. 강 부장은 영업사원들의 클레임이 빗발치는 이 사태를 어떤 지침, 어떤 기준으로 해결해야 할지 고민스러웠다.

허니버터칩이 출시된 지 1년이 지난 지금, 이 모든 문제가 깔끔하게 해결된 것은 아니다. 그동안 직원들에게는 기분 좋게 소주 한잔 기울이는 술자리도, 자축하며 서로의 어깨를 두드릴 여유도 없었다. 물론 낯선 상황이 닥칠 때마다 머리를 모아 아이디어를 짜내고 이것을 시스템에 반영하는 노력을 지속적으로 펼치고는 있지만, 내부적으로든 외부적으로든 서로의 이해관계가 얽힌 문제에 대해서는 답을 찾기가 쉽지 않을 때가 많다. 이렇게 허니버터칩의 거대한 성공이 크고 작은 갈등을 불러오면서 영업부에도, 유통기획부에도 앞으로 해나갈 과제들이 점점 쌓여만 가고 있다. 사이가 틀어진 바이어들과의 관계를 회복하는 일, 상향된 목표를 달성하는 일 등.

그럼에도 불구하고 허니버터칩을 통해 사원들 모두 엄청난 성장을 경험한 것만은 부정할 수 없는 사실이다. 제과업계에서 수십 년 만에 나온 이 대박 상품은 그들에게 평생 한 번 있을까 말까 한 경험을 선물했다. 사원 모두가 새로운 노하우를 쌓을 수 있었고, 허니버터칩을 능가하는 신제품을 만들어내자는 다짐을 하게 되었다. 무엇보다 또 한 번 이만한 히트작이 나오더라도 잘 해낼 수 있다는 자신감을 갖게 되었다.

허니버터칩 출시 이후, 마이너스 성장을 하던 과자 부문이 플러스 신장을 했다며 대형마트들이 감사 인사를 전해올 때, 납품하러 간 매장에서 예전과 확연히 다른 대우를 받을 때, 허니버터칩 한 봉지에서 행복을 느꼈다는 고객들의 글이 올라올 때. 그럴 때면 해태의 직원이라는 사실에 다들 어깨가 으쓱해졌다. 허니버터칩이 남긴 수많은 과제에도 불구하고, 허니버터칩 한 박스만 차에 싣고 나면 든든해지는 이유다.

공장에 찾아온 해 뜰 날

"공장장님, 예전에 연구소 갔을 때 기억나세요?"

품질관리팀 최 팀장은 문득 어떤 기억이 떠올라 공장장에게 그렇게 물었다.

"응, 그럼. 그날 저녁에 회장님까지 다 계신 자리에서 자네가 건배 제의를 했지 않나."

"그러면 제가 건배 제의할 때 뭐라고 했는지도 기억하시겠네요?"

"세상엔 세 가지 성별이 있습니다. 남자, 여자, 감자!"

"하하, 맞습니다. 그때 회장님이 엄청 웃으셨죠."

이미 오래전 일이다. 그날 최 팀장은 건배 제의를 하며, 언젠가는 우리가 침체된 문막 공장을 감자로 일으킬 거라고 굳건히 의지를 다졌다.

이제 출하장에는 허니버터칩 상자가 천장까지 쌓여 있다. 늘어난 생산량만큼 물류 트럭들은 더욱 자주 드나든다. 작업자들이 많아지면서 공장에는 활기가 넘쳐흐르고, 하루 24시간 사람도 기계도 바쁘게 움직인다. 오래전부터 그들이 바란 대로 남자, 여자, 감자가 모여 문막 공장을 일으킨 것이다.

허니버터칩의 유명세를 느끼는 것은 빠르게 돌아가는 공장의 모습을 볼 때만이 아니었다. 농가를 다니는 필드맨들도 온몸으로 허니버터칩의 인기를 체감했다. 보성 회천면의 한 계약 농가 주인은 필드맨을 만나자 뿌듯한 얼굴로 이런 이야기를 전했다.

"6월에 감자를 수확하고 뒷정리를 하고 있었는데요. 수확철이 되면 이삭을 주으러 오는 사람들 있잖습니까? 어떤 사람들이 SUV 차량을 타고 와서 감자 이삭 좀 주워가도 되느냐고 하는 거예요. 제가 그러라고 하면서 '이 감자가 바로 허니버터칩을 만드는 감자다' 그랬지요. 그러니까 그 사람들이 깜짝 놀라서 진짜냐고 몇 번이나 되묻더니, 어디로 막 전화를 해서 일행들을 더 불러요. 그러곤 귀한 감자라면서 이삭을 아주 깨끗이 주워갔

어요. 이렇게 작은 마을에서까지 허니버터칩의 인기를 느낄 수 있다는 게 저도 신기합니다. 우리 계약 농가들도 허니버터칩의 원료를 재배한다는 데 자부심을 느껴요."

계약 농가인 고령 개진면에 다녀온 또 다른 필드맨은 개진 지역의 특산물인 '대서 감자'가 '허니버터칩 감자'로 더 유명해졌다는 이야기를 전해오기도 했다. 해태의 거래처 중 하나인 개진면 지역은 옛날부터 감자가 맛있고, 식감이 좋기로 입소문이 자자했다. 수확철이 되면 지역민들은 마을 입구에서 종종 감자를 판매했는데, 원래는 '대서 감자' '분감자'라고 이름 붙여 팔던 것을 '허니버터칩 감자'라는 이름으로 팔고 있다는 것이었다.

"작은 마을에서도 허니버터칩이 가져다주는 후광이 대단하다니까요."

이런 이야기를 듣고 오는 해태의 필드맨들은 어깨가 으쓱할 수밖에 없었다.

다른 지역에서도 그럴 정도이니 강원도 안에서 허니버터칩의 영향력은 더 크게 느껴졌다. 강원도 측은 허니버터칩 덕분에 지역 경제가 살아났다며 고마움을 전해왔다. 밭이 큰 면적을 차지하는 강원도이지만, 이곳에서 재배할 수 있는 것은 무, 배추,

감자뿐이었다. 무와 배추의 가격이 폭락하고 기껏 재배한 감자의 재고가 잔뜩 남았을 때, 강원도 농민들은 다들 발을 동동 굴렀다. 네티즌들이 '강원도 감자 사주기' 운동을 벌였을 만큼 힘든 상황이었다.

하지만 문막 공장이 지속적인 감자 공급을 위해 더 많은 면적을 계약하면서, 농민들은 무나 배추를 덜 심을 수 있게 되었고, 감자의 재고도 더 이상 걱정하지 않게 되었다. 평생을 강원도에서 살아온 공장장은 자신의 직장이 고향의 살림살이에 일조하고 있다는 사실이 뿌듯하고 자랑스러웠다.

하지만 공장도 앞으로 해결해야 할 과제들이 많았다. 이젠 확보해낸 감자를 빼앗기지 않는 것도 전쟁이었다. 허니버터칩의 인기가 치솟으면서 이미 필드에서는 누가 더 많은 감자를 가져가느냐 하는 문제를 놓고 감자칩 3사가 정면으로 충돌하고 있었다.

과거에는 타사의 필드맨들과 현장에서 마주치면 이야기도 나누고 식사도 함께했지만, 언제부터인가 분위기가 냉랭해졌다. 덩치가 작았을 때와 달리 규모가 불어난 지금은 확보한 감자를 타사에 빼앗기지 않도록 농가를 주의 깊게 살피고 관리하는 것도 신경이 곤두서는 문제였다. 지금까지는 필드맨들이 오랫동안 다져놓은 인간관계에 뿌리를 두고 감자를 수매해왔지만, 문막 공장이 증설되면 인맥으로 관리할 수 있는 한계를 넘어설 것이 분명했다.

'어려움은 있겠지만, 우리는 잘해낼 수 있을 것이다.'

여러 과제에도 불구하고 공장 사람들은 모두 같은 마음이었다. 허니버터칩은 문막 공장 역사상 단 한 번 찾아온 기회였다. 원활한 공급, 좋은 품질 유지. 이것이야말로 공장의 가장 중요한 임무이자 이 기회를 계속 끌고 가는 방법이었다.

'갑자기 생산량을 늘렸음에도 큰 문제없이 잘해왔다. 우리는 앞으로도 그럴 것이다.'

허니버터칩 이후 문막 공장에 생긴 수많은 변화들, 그중에서도 가장 큰 변화는 바로 넘치는 자신감이었다.

허니버터칩은 이제 단순한 과자가 아니라 하나의 트렌드 메이커가 된 듯하다. 이 말이 자화자찬이 아닌 이유는, 허니버터칩이 사회적으로 만들어낸 수많은 트렌드들은 어쩌면 이미 우리 해태의 손을 떠난 문제라는 생각이 들기 때문이다. 이즈음에서 허니버터칩이 만들어낸 몇몇 새로운 현상들을 짚고 넘어가는 것도 의미가 있을 것이라 생각해 정리해보았다.

● 대한민국을 달콤한 맛으로 물들이다
아마 이 점에 대해서는 대부분의 사람들이 공감할 것이다. 허니버터칩 이후 제과업계는 물론 식음료나 주류업계, 심지어 화장품업계에까지 달콤한 맛 열풍이 불었다. 특히 꿀을 기본 재료로 하는 식품들이 대거 출시되면서 대중들의 사랑을 듬뿍 받았는데, 허니버터칩과 같이 이름에 '허니'를 넣은 제품들이 다수 등장했다. 그 이후 일명 쿡방(요리 방송)이 인기를 끌고 이름난 셰프들이 방송의 중심으로 등장하면서, 꿀뿐 아니라 설탕을 사용한 다양한 요리들이 시청자들의 눈길을 끌었다. 이런 흐름과 맞물려 달콤한 맛은 다양한 형태로 변주되며, 사람들의 입맛을 완전히 사로잡고 있다.

● 과자의 이름이 고유명사에서 일반명사가 되다

허니버터칩은 그냥 평범한 과자 이름에 불과했지만, 언제부터인가 업계를 불문하고 대박 상품에 '허니버터칩'이라는 말이 붙기 시작했다. '화장품계의 허니버터칩' '완구류의 허니버터칩' 하는 식으로 '인기 상품'이라는 말을 대체하는 일반명사로 쓰이게 된 것이다. 그도 그럴 것이 얼마 전 실시한 어느 리서치에 따르면, 허니버터칩이 '직장인들이 생각하는 올해 최고의 발명품 탑 10' 중 2위를 차지했다고 한다. 아쉽게도 1위를 차지한 셀카봉을 이기지는 못했지만, 허니버터칩은 3D 프린터, 애플 워치 및 각종 최신 휴대전화, 마이보틀, 휴대용 충전기, 배달 애플리케이션 등 쟁쟁한 경쟁 상대를 제쳤다. 허니버터칩은 이제 히트 상품의 대명사로 사람들에게 뚜렷이 각인된 셈이다.

● 새로운 온라인 놀이 문화를 만들다

내가 내 얼굴을 찍는 셀카는 이제 유행이라고 할 수도 없을 만큼 대중적인 문화다. 그리고 언제부터인가 셀카만큼 흔해진 것이 음식 사진이다. 레스토랑에 가면 사람들은 아무리 배가 고파도 일단 카메라 셔터부터 누른 다음, 수저나 포크를 든다. 하지만 수없이 많은 사람들이 셀카와 음식 사진을 찍을 때에도, 과자를 들고 셀카를 찍는 사람들이 있었을까. 그토록 많은 사람들이 내가 이 과자를 가졌다고 '인증'했던 사례가 있었을까. 허니버터칩 이전에는 거의 없었던 일이다. 이는 그저 허니버터칩을 너무 좋아해서(?) 그런 것일 수도 있겠지만, 시중에서 쉽게 구하기 힘든 과자를 마침내 얻어낸 과정이 나만의 스토리가 되어 젊은이들 사이에서 재미있는 게임처럼 여겨지게 되었기 때문에 벌어지는 일이라고 본다. 완전히 새로운 놀이 문화가 탄생한 셈이다. 요즘에는 주류업계의 허니버터칩이라 불리는 술이 인기를 끌면서 소주를 들고 인증샷을 찍는 사람들이 늘어나고 있다는데, 그런 모습이 이제 일상적으로 느껴지는 이유는 이미 우리가 '한 번 봤던' 익숙한 장면이기 때문이 아닐까 싶다.

허니버터칩 한 봉지를 사기 위해 자신이 겪어야 했던 고생담이나, 허니버터칩을 결국 구하지 못해 좌절했던 경험에 대한 각종 이야기들이 온라인에 소개되는 것 역시 같은 맥락에서 살펴볼 수 있다. 온라인에 올라오는 허니버터칩에 관한 글들은 그 전까지 우리가 접했던 특정 상품에 대한 리뷰와는 차원이 다르다. 사람들은 허니버터칩과 관련된 나만의 에피소드를 공유하며, 누가 더 재미난 경험을 했는지, 누가 더 기발한 시도를 했는지 수다 떠는 것을 놀이처럼 즐기게 된 것이다.

● 1,500원의 가치를 다시 쓰다

어느 날 내가 카페에 앉아 있는데, 옆 테이블에서 영어로 대화하는 소리가 들렸다. 흘낏 보니 한 한국인 여성이 외국인 친구와 이야기를 나누고 있었다.

"내가 너에게 줄 선물이 있어. 이거 아주, 무지, 진짜, 귀한 거야. 지금 한국에서는 다들 이걸 못 구해서 난리거든. 내가 널 위해서 얼마나 힘들게 구했는지 알아?"

선물을 꺼내기 전 한참 뜸을 들이는 그녀를 보며 난 생각했다.

'얼마나 귀한 선물이기에 저렇게 공치사를 하는 거야?'

잠시 후 나는 그 여성이 꺼낸 선물을 보고 약간 놀랐다. 아주, 무지, 진짜 귀하다는 그 선물은 다름 아닌 허니버터칩이었다.

누군가는 이런 생각을 할 수도 있다.

'아니, 1,500원짜리 과자를 주면서 저렇게 생색내는 거야?'

우리는 흔히 선물을 할 때 '어느 정도' 가격이 있어야 한다고 생각한다. '어느 정도'에 대한 기준은 사람마다 다르겠지만, 그것이 몇천 원 정도는 아닐 가능성이 크다. 게다가 정말 귀하다는 이야기를 하고 또 하며 만 원 이내의 선물을 건네는 것이 익숙한 장면은 아닌 게 분명하다.

하지만 허니버터칩은 어떨까. 남자친구에게 허니버터칩을 선물받고 기뻤다는 젊은 여성, 손주에게 선물하기 위해 힘들게 허니버터칩을 구해놓은 할아버지, 아내와 자식에게 주고 싶어서 허니버터칩을 찾으러 다니는 가장. 인터넷에서 이런 글들을 읽을 때면, '과자 한 봉지도 선물로서 손색이 없구나' 하는 인식의 전환이 오곤 했다.

우리 회사 홈페이지의 '고객의 소리'를 보면, "내가 꼭 먹고 싶어서 허니버터칩을 사야겠어요"라는 글보다는 "사랑하는 사람에게 주고 싶어서 허니버터칩을 사고 싶어요"라는 분들의 글이 훨씬 더 많다. 그분들은 분명 돈으로 환산할 수 없는 1,500원의 행복을 나누고 싶어 하는 분들일 것이다.

돌이켜보면, 내가 허니버터칩의 장기적인 성공을 예감한 것도 단순히 숫자 때문만은 아니었다. 매출액, 판매량 같은 숫자는 언제든지 바뀔 수 있지만 고객 한 사람, 한 사람이 허니버터칩에 부여한 스토리는 변하지도, 잊히지도 않는다. 스토리는 그 자체로 제품을 의미 있게 만들어주고, 다른 제품과 차별성을 갖게 하며, 생명력이 있는 유일무이한 존재가 된다. 누군가에게 1,500원짜리 허니버터칩이 돈으로 환산할 수 없는 가치라면, 그것은 그가 가진 허니버터칩에 관한 이야기, 그 소중한 기억 때문일 것이다. 나는 허니버터칩이 만들어낸 많은 트렌드 중에서도 바로 이것, 즉 1,500원짜리 과자 한 봉지도 사랑하는 사람을 위해 충분히 좋은 선물이 될 수 있다는 인식의 전환을 가장 값지게 여긴다.

3장

진짜 성공은
히트 이후에 온다

Shall We Honey?

마케팅만큼
중요한 것은 관리다

빅 모델, 꼭 필요할까?

"빅 모델을 기용하지 않고도 이렇게 큰 화제를 모으다니, 대단한데요!"

허니버터칩에 관해 이야기하다 보면 이런 말을 자주 듣는다. 하지만 나는 톱스타를 섭외해 대대적인 광고를 했더라면, 허니버터칩이 지금만큼 인기를 끌 수 있었을지 의문이다. 이런 말을 하면 대개는 "남들과는 완전히 반대로 가는 전략을 쓰기로 하신 거군요"라는 대답이 돌아온다. '상식을 벗어난 전략'이라고 말하는 사람들도 있다.

내가 생각하는 '남들과 다르다' '상식을 벗어난다'는 말의 진짜 의미는, 괴짜처럼 특이한 일을 벌인다거나 남들과 반대로 가는 것을 뜻하지 않는다. 상식을 벗어난 시도를 하려면 오히려 그 과정에서 더욱 상식적이고 전략적으로 접근해야 한다. 트렌드를 이해한 뒤 그것을 활용해야 하고, 균형 잡힌 현실 감각을 토대로 한 발 앞서나가야 한다.

이와 같은 전략적 판단의 결과, 우리는 톱스타를 섭외해 광고하지 '않았다.' 기존에 준비해둔 SNS 마케팅을 하지 '않았다.' 텔레비전, 라디오 등 방송매체를 이용한 광고도 하지 '않았다.' 그럼 우리는 왜 이런 것들을 하지 않았을까?

솔직히 말하면, 어쩔 수 없이 그랬던 이유도 있었다. 우리는 감자칩 시장의 만년 꼴찌였다. 경쟁사 제품들인 '포카칩'과 '수미칩'이 1, 2등을 다툴 때, 해태는 그 뒤를 바짝 쫓는 것도 아니고 한참 뒤에 처져 있는 수준이었다.

시장에서 순위를 다투는 경쟁사들이야 신제품이 나왔을 때 투자할 이유와 가치가 충분하다. 얼마든지 빅 모델을 기용해 공격적인 홍보를 감행할 수 있을 것이다. 하지만 우리 내부에서는 업계 꼴찌에 브랜드 파워도 없는 마당인데, 그렇게까지 해서 무슨 이득을 보겠느냐는 생각이 지배적이었다. 감자칩 시장에서 단 한 번도 이겨본 경험이 없었기에, 우리가 이 시장에서 선전해봤자 얼마나 하겠느냐는 인식이 팽배했던 것이다. 게다가 허니버터칩은 사원들의 반발로 출시까지 미뤄진 제품이다 보니, 거금의 홍보 비용을 들일 수 있는 내부적인 공감대가 전혀 형성되지 않은 상태였다.

그렇다면, 우리가 선택할 수 있는 카드는 아무것도 없었던 걸까. 이제까지 그래왔던 것처럼 그럭저럭 현상 유지나 하면 다행이라고 위안해야 했던 걸까. 그렇지 않았다. 비록 마케팅 비용을 많이 쓸 수는 없었지만, 우리는 독특하고 새로운 맛을 개발했고 이 강점에 맞는 승부처를 발견하면 승산이 있었다. 그렇게 눈을 돌린 곳이 SNS였다.

빅 모델 광고는 고객이 제품을 먹어보지 않은 상태에서 모델의 이미지나 광고의 분위기로 제품에 대한 일차적인 판단을 하게 만든다. 따라서 빅 모델 광고를 실시했을 경우 초기 반응은 좋을 수 있지만 제품에 대한 입소문이 따라붙지 않으면 금세 인기가 식을 가능성이 크다.

하지만 SNS의 특징은 고객의 빠른 피드백이다. 제품의 맛을 본 고객들이 즉각적으로 평가를 올리기 때문에, 출시 초기에 제품 인지도가 다소 떨어지더라도 입소문이 퍼지면 판매에 가속도가 붙는다. 우리에게는 허니버터칩으로 이미지의 플랫폼을 움직일 수 있다는 자신감이 있었다.

마케팅에 많은 비용을 투자할 수 없는 현실, 새롭고 독특한 맛을 가진 제품을 개발했다는 자신감이 동시에 작용해, 우리는 허니버터칩 출시 이전 이 제품의 마케팅 플랫폼으로 SNS를 점찍어두고 만반의 준비를 해둔 상태였다.

행운을 유지하는 법

그러나 세상일은 어디로 흘러갈지 모르는 법이다. 매장에 포스터 한 장 붙일 새도 없이 허니버터칩은 예상보다 뜨거운 반응을 몰고 왔고, 우리가 애써 준비했던 마케팅 계획은 수포로 돌아가버렸다. 판매량이나 판매 속도 모두 전례가 없었기에, 모든 계획을 백지화하고 상황을 원점에서 되짚어야 했다.

우리는 현재의 판매를 촉진시키는 방법이 화려한 마케팅이 아니라는 판단을 내렸다. 빅 모델을 기용해 매체 광고를 진행하지 않는 것은, 이제 '어쩔 수 없는 현실' 때문이 아니라 우리 스스로가 선택한 결과였다. 이미 맛으로 고객들에게 인정받은 상황에서 빅 모델을 빌려 제품의 이미지를 덧칠할 이유가 없는 것이다.

만약 우리가 허니버터칩의 초기 반응에 고무되어 곧바로 빅 모델을 기용하고 대대적인 광고를 진행했다면 어땠을까. 새로운 맛, 새로운 콘셉트의 제품을 개발해놓고도 타사와 똑같은 전략을 사용함으로써 시장에서의 위치를 선점하는 데에는 실패했을지 모른다. 우리가 허니버터칩에서 어필하고 싶은 지점들과는 근본적으로 맞지 않기 때문에, 얼마 가지 않아 허니버터칩은 고객들에게 흔한 감자칩 중 하나로 각인되었을 수도 있다.

모든 상황이 리얼 타임^{Real Time}으로 이루어질 때 가장 중요한 것은 '관리', 그중에서도 품질 관리다. 봉지에 담긴 감자칩이 마지막 한 조각까지 한결같은 맛을 낼 수 있도록 균일성을 유지하는 것, 우리의 콘셉트였던 '단계별로 맛을 느끼는 감자칩' '오감을 만족시키는 감자칩'이 될 수 있도록 생산 공정 전반을 철저히 관리하는 것. 이것이 우리의 당면 과제였다.

문제 해결에 대한 관리 역시 소홀히 할 수 없었다. 상황에 따라 어떤 문제가 발생할지 예측하고 그에 따른 선제적 대응을 하는 것은 물론, 예기치 못한 상황에서도 신속하게 대응해야 했다. 고객의 신뢰를 잃지 않아야 허니버터칩에 대한 고객의 지지가 길게 갈 수 있기 때문이었다. 앞서 말한 '아무것도 하지 않기'와 '팩트 베이스에 기반을 둔 관리'는 모두 이런 맥락에서 세운 전략이다.

하나의 제품이 성공 궤도에 올라서는 데는 수많은 요소가 작용한다. 분명 허니버터칩은 출시 이전부터 정교한 마케팅으로 성공한 제품이 아니다. 그러나 그 이면에는 성공의 본질적인 요소, 즉 고정관념을 깨뜨린 제품이라는 특별함이 존재한다. 감히 말하자면, 허니버터칩은 누가 봐도 특별한 제품이었기에 SNS에서의 폭발적인 반응이라는 행운도 뒤따른 것이 아닐까.

한 가지 덧붙이자면 어떤 제품이 히트하고 있을 때 그 열풍을 크고 강하게 일으키는 것보다 그것이 작아지거나 사라지지 않도록 노력하는 게 더 중요하다. 투자의 귀재들은 종종 '수익을 많이 올리는 투자' 말고, '잃지 않는 투자'를 해야 한다고 조언한다. 나는 이 말에 전적으로 동감한다. 행운은 어느 날 갑자기 찾아올지 몰라도, 그 행운을 유지하는 것은 능력과 노력의 영역이다. 자고 일어나 보니 벼락 스타가 되어 있었던 허니버터칩이지만, 그 인기가 지금까지 이어진 것은 우리의 전략적 판단 때문일 것이다. 진짜 성공은 히트 이후에 온다.

허니버터칩 동생,
'허니통통'의 탄생

해태가 해태를 표절한다?

　수미칩 허니머스타드, 오감자 허니밀크, 케틀칩 허니앤버터 맛, 꼬깔콘 허니버터맛, 스윙칩 허니밀크, 돌풍감자 허니치즈 맛, 통감자 허니버터맛, 달콤버터 왕감자, 프링글스 허니머스타드, 쌀로별 허니버터맛, 울트라짱 허니버터맛, 허니스타 허니+버터….

　넘겨도 넘겨도 리스트는 끝이 없었다. 허니버터칩이 나온 뒤 허니가 들어가거나 버터가 들어가거나 또는 허니와 버터가 함께 들어간 스낵이 연속적으로 쏟아져나오고 있었다.

　스낵뿐만이 아니었다. 식품 전반으로 카테고리를 넓히면, 이런 제품은 더 많았다.

　고소허니팝콘, 립파이 허니버터, 츄릿 허니시나몬, 허니버터아몬드, 허니버터러스크, 허니크림치즈라떼, 허니버터라떼, 허니커리치킨, 허니글레이즈드, 허니버터쥐치포, 허니버터오징어….

　거기다 먹을거리를 넘어서 화장품(허니버터팩, 허니버터시트마스크)과 주택시장(달달한 신혼부부를 위한 신축빌라 '허니버터빌')까지, 허니와 버터를 차용한 제품들이 줄을 잇는 상황이었다.

　보통 이럴 때는 우리가 오리지널이라는 것을 강조해 광고를 하거나, 타사의 카피가 지나치다는 식으로 보도자료를 내는 것이 일반적이다. 심하다 싶은 경우에는 상표권 소송을 벌이는 경우도 있다. 하지만 지금 상황에서 그것이 올바른 대응일까? 어쩌면 유사 제품들은 허니버터칩이 하나의 트렌드 아이콘이 되는 데 일조하고 있는 건 아닌가?

'무언가 다른 식의, 더 적극적인 대응이 필요하다.'

이것이 내가 내린 결론이었다.

"허니버터칩 유사 제품이 이렇게 시장에 많이 나왔는데, 그중에 딱히 최고다 싶은 건 없지 않아요?"

어느 날 나는 유사 제품에 대한 직원들의 생각을 물어보았다.

"네, 그렇긴 합니다. 고객들 입맛이 저마다 다르니 그렇기도 하겠고, 아무래도 유사 제품들이다 보니 개발 기간도 길지 않았을 테고요."

"그럼 아예 우리가 최고의 유사 제품을 만들어보는 건 어떻습니까?"

"네? 우… 우리가요?"

직원들은 모두 어이없는 표정으로 나를 쳐다보았다. 아무리 거꾸로 가는 걸 좋아하는 대표라지만, 이번만큼은 이해할 수 없다는 반응들이었다.

"그러다 허니버터칩 매출까지 깎아먹을 텐데요."

"생각해보세요. 해태에서 허니버터칩은 더 안 만들고 짝퉁 제품으로 장난친다는 얘기, 과연 안 나올까요? 회사 이미지도 생각하셔야죠."

직원들이 걱정하는 것은 '카니발리제이션Cannibalization'이었다. 카니발리즘cannibalism(동족 살인)이라는 단어에서 유래한 이 경영학 용어는 한 기업의 신제품이 기존 제품을 잠식하는 현상을 지칭한다. 카니발리즘에 따르면, 우리 회사에서 허니버터칩과 유사한 상품을 출시했을 때 두 상품이 서로 치고 박으면서 결과적으로 매출이 감소할 거라고 예측할 수 있다.

한 기업에서 두 개 이상의 유사 상품을 내는 것은 어떤 마케팅 전문가들도, 어떤 마케팅 이론서에서도 권하지 않는 방식이었다. 검증되지 않은 무리수를 뒀다가 멀쩡히 잘나가고 있는 허니버터칩의 매출을 떨어뜨리기라도 한다면, 그에 따른 리스크는 고스란히 회사가 다 떠안아야 한다. 내 의견에 찬성하는 직원이 없었던 것도 무리는 아니었다.

허니통통 만들기 대작전

"허니버터칩의 동생을 한번 만들어보자고요."

나는 기왕 허니버터칩의 세컨드 제품을 만들 거라면, 다양한 맛과 방식으로 '허니 시리즈'를 구축할 수 있는 일군의 과자들을 내놓으려고 구상하고 있었다. 하지만 직원들의 반대가 심하니 우선은 한 제품만 먼저 론칭해 시험해볼 생각이었다.

'아무도 안 도와주면 나 혼자 만들지, 뭐.'

나는 혼자 강행하기로 했다. 아무리 그럴듯한 아이디어라도 실제 진행을 위해선 내부 구성원들의 지지를 얻는 과정이 필수적이다. 그러나 이번만큼은 달랐다. 타사의 유사 상품이 쏟아져 나오는 상황에서 이제 모든 것은 속도전이었다. 서둘러 결정하고 재빨리 진행하기 위해 나는 '무소의 뿔처럼 혼자서' 가기로 마음먹었다.

나는 '빨리 빨리, 하지만 맛있게'만을 염두에 두었다. 제품의 속성을 찾고 맛을 내는 것은 전적으로 연구소의 일이었지만 그 밖의 것은 모두 내 몫이었다. 디자인, 네이밍, 마케팅까지⋯. 나는 신제품의 이름을 '허니통통'으로 지은 뒤 속전속결로 제품 출시를 향해 달려갔다. 허니통통의 목적은 범람하는 유사 제품에 대응하는 것으로, 핵심은 '타임 투 마켓Time to Market'이었다.

기존의 제품 개발 절차대로라면 아무리 빨리 진행해도 최소

한 석 달은 걸렸다. 기획안을 만들고,
회의를 하고, 합의를 보고, 문서들을
결재하고, 고객 서베이를 진행하고
등등. 하지만 허니통통은 그 모든 과
정을 생략하거나 나 혼자 해치우면

서, 공장을 세팅하고 원재료를 준비하는 데 걸리는 한 달의 시간
을 포함해 총 한 달 반 만에 초고속으로 모든 과정을 진행했다.

흔히 허니통통을 '허니버터칩의 동생'이라고 표현하지만, 두
제품을 비교해보면 맛과 디자인을 비롯해 몇 가지 차이점이 있
다는 것을 알 수 있다. 우선 허니버터칩에 비해 맛이 훨씬 강하
다. 제품명에 '통통'을 넣은 것 역시 통통 튀는 강한 느낌과 함
께, 귀여운 느낌을 강조해 어린 친구들의 관심을 끌 수 있도록
의도한 것이다.

짧은 시간에 일사천리로 진행했지만, 허니통통은 결코 허투
루 만든 제품이 아니다. 고객들이 얼마나 눈여겨볼지는 모르겠
지만, 나는 허니통통의 패키지를 만들 때 세부적인 사항을 꼼꼼
하게 확인하고 40여 번의 수정을 지시했다. 그 결과, 과자 봉지
의 일러스트만 봐도 허니통통의 강한 맛과 주요 고객층을 짐작

할 수 있다. 꿀은 흡사 쏟아붓는 느낌으로 글씨 위에 뚝뚝 떨어진다. 꿀맛이 훨씬 강하다는 것을 그림으로 나타낸 것이다. 또한 전반적인 디자인 느낌도 허니통통은 허니버터칩에 비해 어린 친구들이 더 좋아할 만하다.

예를 들어 두 패키지에 그려진 벌을 비교하면, 허니버터칩의 벌은 실사에 가까운 형태지만 허니통통의 벌은 만화적으로 귀엽게 그려졌다. 한쪽이 어른 벌이라면 다른 쪽은 아기 벌 같다고나 할까. 물론 '허니통통'이라는 글씨도 허니버터칩보다 훨씬 동그랗고 통통하다. 원래는 허니버터칩의 일러스트와 비슷했던 감자와 식재료의 그림 역시 깨끗하고 동화적인 느낌으로 표현했고, 전체적으로 복고적인 느낌이 들었던 색상과 분위기를 어리고 순수한 느낌이 들도록 수정했다. 벌은 행복해보이고, 글씨체는 동글동글하며, 전체적으로 맑은 느낌이다.

경영학 이론을 맹신하지 말라

마침내 허니통통을 처음 출시하던 날, 애써 평정심을 유지하는 척했지만 사실 나는 어떤 신제품을 출시할 때보다 커다란 긴장감에 휩싸였다. 자식을 수능시험장에 들여보내 놓고 교문 밖에서 기도하는 부모의 심정이 이럴까.

'내가 온전히 내 의지대로 밀어붙인 제품인데, 실패하면 어쩌지? 허니통통 혼자 실패해도 리스크가 큰데, 사람들 말대로 잘나가던 허니버터칩에 찬물을 끼얹는 격이 된다면? 아아, 생각만 해도 끔찍하다.'

나름대로 확신을 갖고 모든 과정을 밀어붙였지만, 기존의 경영학 이론을 뒤집은 제품이다 보니 막상 출시일에는 불안감이 밀려들었다. 게다가 시장에 빨리 내기 위해 고객 서베이까지 생략한 상태라서 더더욱 결과를 장담할 수 없는 상황이었다. 이 제품이 성공적으로 시장에 안착할지 아닐지는 알 수 없지만, 확실히 짐작할 수 있는 반응이 하나 있었다.

"경영자라면 다들 유사 제품을 질색하는데, 어떻게 자기가 자기 걸 따라 하지? 저 대표 뭔가 좀 이상한 거 아냐?"

실제로 내가 신제품의 이름을 '허니통통'으로 짓고 허니버터칩의 틀을 차용해 디자인을 해달라고 외주 업체에 의뢰했을 때, 그들은 내게 이런 질문을 했다.

"이렇게 비슷해도 되는 거예요?"

"이러면 타사의 유사 제품으로 오해받지 않을까요?"

경영에 대해 잘 모르는 사람들까지 이런 질문을 할 정도이니, 누가 봐도 이상한 짓이긴 한 모양이었다. 그리고 역시나, 허니통통이 출시되자 네티즌들은 어처구니없다는 반응을 보였다.

"헐, 이게 웬 자기복제냐?"

"난 다른 회사에서 유사 제품이 나온 줄 알았는데, 알고 보니 해태네."

내가 예상했던 말도 있었다.

"자기가 자기 걸 따라 해? 이 회사 정신이 나갔구먼."

하지만 비웃음에 가까운 반응에도 불구하고, 허니통통은 입점부터 판매까지 모든 면에서 '특별 대우'를 받았다. 타임 투 마켓을 목표로 빠르게 신제품을 출시한 것이 무색하지 않게, 입점 과정 역시 첩보전을 방불케 할 만큼 초스피드로 진행되었다. 모두가 허니버터칩이 미리 길을 닦아놓은 덕이었다.

보통은 입점 단계에서 최소 2주, 최대 4주의 시간이 소요된다. 영업부가 샘플을 가져가서 입점 상담을 하고, 바이어들이 신규 제품에 대해 내부의 합의를 보고, 임원에게 올려 오케이 사인을 받는 등 정해진 절차가 있기 때문이다. 하지만 허니버터칩이라는 해태의 대박 상품을 목격했던 유통업체들은 모든 과정을 생략하고 물건부터 받아주는 호의를 보였다. 그 결과 허니통통은 첫 생산 후 조기에 입점하는 식으로 곧장 시장에 나갈 수 있었다.

한편 허니버터칩을 못 팔아서 발을 동동 구르던 점주들은 허니통통이 들어오자 타사의 유사 제품들과는 완전히 다른 대우를 해주었다. 허니버터칩을 숨겨놓고 팔았던 것처럼 허니통통도 알음알이로 판매했고, 이에 힘입어 허니버터칩이 그랬듯 진열대에 깔리기도 전에 판매되는 현상이 이어졌다. 허니통통이 형의 뒤를 이어 해태의 품귀 제품 리스트에 이름을 올리자, 그제야 나도 독불장군처럼 이 모든 일을 끌고 왔다는 책임감과 압박감에서 벗어나 가슴을 쓸어내릴 수 있었다.

바이어나 점주들만이 아니라 고객 반응 역시 만족스러웠다. 허니버터칩보다 디자인이 귀엽고 단맛이 강해서인지 초등학생들 사이에서는 허니통통이 허니버터칩보다 더 큰 인기라는 이야기도 들려왔다.

이즈음에서 내가 왜 모두가 반대하는 허니통통을 그렇게 기를 쓰고 만들었는지 궁금한 분들이 있을 것이다. 이유는 크게 두 가지다. 첫째는 허니버터칩을 먹어보지 못한 사람들에게 대리만족을 주는 것이다. 허니통통은 허니버터칩과 거의 비슷한 시즈닝을 쓰기 때문에 타사의 유사 제품과 달리 오리지널에 가까운 만족감을 얻을 수 있다. 둘째는 감자칩의 얇은 식감을 선호하지 않는 분들이 어느 정도 두께가 있는 감자스낵으로 허니버터의 풍미를 즐길 수 있게 하는 것이다. 한마디로 허니통통은 허니버터칩으로 만족감을 얻지 못한 고객층을 위해 구상한 제품이다.

생산 라인의 특성이 다른 탓에 허니통통은 허니버터칩에 비해 생산량이 많다. 그러다 보니 단순히 숫자만 비교했을 때 허니통통의 매출액이 허니버터칩을 앞지르고 있다. 허니버터칩이 수요에 비해 공급이 모자라는 현실에서, 허니통통은 또 하나의 효자 상품이 되어주었다.

허니버터칩으로 시작해 허니통통에 이르기까지의 성공 과정을 지켜보며, 내가 느낀 것은 이론과 실전은 정말 다르다는 점이다. 오랜 시간 경영학 이론을 공부했던 나로서는 내가 배워온 그 이론들을 무시하기가 쉽지 않을 때가 많다. 물론 그 이론들을 알고 전략을 짜는 것과 모르고 짜는 것은 천지차이다. 하지만 이론에만 얽매인 나머지 관점을 바꾸지 못한다면, 현장에서 살아남을 수 없다는 점을 나는 수없이 절감한다. 특히나 요즘처럼 트렌드가 어떻게 바뀔지 알 수 없는 불확실한 환경에서는 더더욱 그렇다. 상식을 철석같이 믿어서도 안 되며, 때론 과감하게 그 상식을 깨버릴 수도 있어야 한다고 믿는 이유다.

허니 시리즈,
카니발리제이션을 넘어서다

허니통통으로도 모자라…

《신의 물방울》에 이어 만화 이야기를 하나 더 해볼까?

원작은 만화지만 드라마로 제작되어 우리나라에서도 방영 중인《고독한 미식가》라는 작품이 있다. 한 직장인이 퇴근을 한 뒤 혼자 맛집을 찾아다니는 것이 드라마의 플롯이다. 주인공은 식당을 찾아가 메뉴판에서 그날 먹을 음식을 선택하고, 혼자만의 식사를 하면서 먹는 행위에 대해 이렇게 정의한다.

"아무것에도 얽매이지 않고 행복으로 공복을 채웠을 때 잠시 동안 자유로워진다. 아무에게도 방해받지 않고, 남을 의식하지 않고, 오로지 내게 주어진 음식을 먹는 고독한 행위. 바로 이 행위야말로 현대인들에게 주어진 최고의 치유 활동이다."

주문한 메뉴가 나오면 주인공은 미식가답게 음식을 음미하고 분석하며 평가한다. 그리고 나름대로의 실험도 해본다. 메인 메뉴에 소스를 바꿔서 부어본다든가, 식재료의 부위가 가진 차이를 생각해본다든가, 순서를 다르게 먹어본다든가, 다양한 종류의 술을 곁들여본다든가…. 그러면서 같은 메뉴가 어떻게 다른 풍미와 식감을 낼 수 있는지 골몰한다.

《고독한 미식가》에서 주인공이 혼자만의 맛 실험을 하는 장면이 내게 인상 깊었던 이유는, 우리가 만드는 과자에도 같은 방식을 접목할 수 있다는 생각 때문이었다. 《고독한 미식가》에 빗대서 말하자면, 하나의 베이스에 다른 소스를 얹거나 조리 방법을 바꿈으로써 새로운 메뉴를 만드는 것이다. 이 발상의 결과물이 바로 '허니 시리즈'다.

나는 허니통통을 만들면서 허니 시리즈를 함께 구상했다. 이후 허니통통 개발 과정에서 자신감이 붙자, 내가 세웠던 애초의 구상을 현실화했다. 그렇게 허니통통과 비슷한 시기에 내놓은 제품이 바로 '자가비 허니마일드'다. 이 제품 역시 허니통통과 마찬가지로 "해태가 미쳤나보다. 허니통통도 모자라 허니버터 칩 아류작을 또 내놓는 거냐"라는 입방아에서 자유롭지 못했다.

하지만 허니통통과 자가비 허니마일드는 그 자체로 오리지 널리티를 가진 제품이다. 더 나아가 허니버터칩만으로는 역부 족이었던 수요를 충족했다.

다만 이러한 과정에서, 다른 허니 제품은 만들면서 허니버터 칩은 왜 많이 생산하지 못하느냐는 질문을 받기도 했다. 이 의 문은 각 제품들의 생산 라인이 다르다는 설명으로 답할 수 있 다. 허니버터칩과 자가비를 만드는 공장에서는 허니통통을 만 들 수 없고, 허니통통을 생산하는 공장에서는 허니버터칩을 만

들 수 없다. 같은 공장 안에서도 각 제품의 생산 라인은 별개로 운영된다. 즉, 허니통통과 자가비를 만든다고 해서 허니버터칩의 생산량에 변화가 생기진 않는다.

허니 시리즈가 떴다

한편 내가 허니통통에 이어 자가비 허니마일드의 출시를 결심하고 콘셉트를 구체화시켰을 때, 마케팅부와 연구소 직원들은 내게 이런 질문을 많이 했다.

"대표님, 허니통통과 자가비 허니마일드의 차이가 뭐예요? 두 제품이 서로 관계가 있나요?"

그런 질문을 받으면 나는 일단 화이트보드에 그래프를 큼지막하게 그렸다.

"자, 이걸 보세요. Y축은 맛의 강도예요. Y축의 윗부분은 허니통통, 가운데에는 허니버터칩, 아랫부분은 자가비 허니마일드고요. X축은 선호 연령대예요. X축의 왼쪽부터 차례로 허니

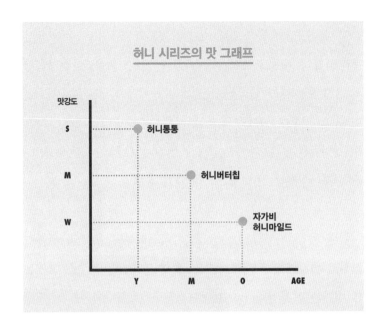

허니 시리즈의 맛 그래프

통통, 허니버터칩, 자가비 허니마일드 순이죠. 즉, 허니버터칩을 표준으로 통통과 마일드의 맛 강도가 다르고, 그에 따라 타깃 연령대도 달라지는 겁니다."

쉽게 말해, 세 제품의 가장 큰 차이는 이름의 이미지에서 알수 있듯이 맛의 강도다. 허니버터칩이 중간이라면, 허니통통은 그보다 맛이 강하고 진한 것이 특징이다. 반대로 자가비 허니마일드는 가장 담백하고 순한 맛을 자랑한다.

각 제품의 고객층을 보면, (개인의 취향에 따라 선호 제품이 달라지긴 하지만) 대체로 허니통통을 좋아하는 고객은 연령대가 가장 낮고, 자가비 허니마일드를 좋아하는 고객은 연령대가 가장 높다. 그래서 나는 가끔 장난삼아 "허니버터칩, 허니통통, 자가비 허니마일드 중에서 뭘 가장 좋아하세요?"라는 질문을 던진 뒤 상대의 나이를 짐작해보곤 한다.

"허니버터칩이요."
(음, 성숙한 분인가 보군.)
"전 허니통통이 더 좋더라고요."
(엇, 젊게 사시는 분인가 보네?)
"전 자가비 허니마일드가 가장 맛있던데요?"
(아, 중후하시구나….)

각기 대답을 들은 다음 뒤늦게 질문의 의도를 알려주면, 그제서야 "앗, 사실은 허니통통이 제일 좋아요"라고 말하는 사람들도 가끔 있다(하지만 맛의 강도와 연령대별 선호도는 내 주관적인 생각일 뿐, 객관적인 데이터로 입증된 사실은 아니니 오해마시길).

　강도에 차이를 둔 허니버터칩, 허니통통, 자가비 허니마일드가 허니버터칩의 직계라 할 수 있는 제1그룹이라면, 맛을 변형하고 섹션을 넓힌 허니콘팝, 구운감자 허니치즈, 허니아이스, 허니아몬드는 그 사촌쯤 되는 제2그룹이다. 허니콘팝은 '기름에 튀기지 않은 건강한 스낵'을 모토로 옥수수와 허니를 조화시킨 것이고, 구운감자 허니치즈는 버터 대신 치즈로 다른 맛을 냈다. 허니아이스, 허니아몬드는 각각 빙과류와 비스킷류로 섹션이 다르다. 그러면 이런 의문이 생길 법하다.

　'허니통통은 운 좋게 성공했다고 치자. 그렇다고 카니발리제이션의 위험을 무릅쓰고 이렇게까지 제품을 여러 개 만들 필요까지 있었나?'

　당연한 말이지만, 모든 사람들이 허니버터칩을 좋아할 수는 없다. 고객들의 입맛은 다양하기 때문에 한 제품이 모든 입맛을 충족시킨다는 건 불가능하다. 그렇다고 해서 단것을 좋아하지 않거나 느끼한 것을 싫어하는 사람들이 허니버터맛의 색다른 풍미를 즐기지 않을 거라고 단정할 필요는 없다. 허니버터칩의 풍미는 가져가되, 맛의 강도나 베이스의 변형을 통해 세부 고객층을 만족시키고, 고객의 다변화를 노릴 수 있기 때문이다.

장점은 또 있다. 나는 이 전략이 경쟁사가 어떤 방향에서 허니버터칩의 유사 제품을 만들어 치고 들어오더라도 가장 강력하게 방어할 수 있는 최상의 대응책이라고 생각한다. 허니 시리즈에 속한 제품군은 감자칩, 스낵, 비스킷, 빙과 등 다양한 카테고리에 속해 있는데, 출시 이후 각자의 분야에서 선전하고 있다. 이 전략으로 우리 회사의 매출은 허니버터칩 한 제품이 고공행진을 할 때보다 훨씬 크게 성장할 수 있었다.

결과적으로, 우리는 허니버터칩이란 히트 상품 하나가 매출 전체를 견인하는 다소 위험한 매출 구조에서 벗어나, 허니버터칩의 매출은 유지하면서 다른 제품들이 각자의 몫을 톡톡히 해내는 안정적인 매출 구조를 달성할 수 있었다. 허니버터칩을 필두로 다른 허니 시리즈들이 서로 윈윈해나가는 가슴 뿌듯한 풍경을 만들어낸 것이다.

공장 증설,
양자택일의 갈림길

설왕설래는 이어지고

'해태제과, 허니버터칩 공장 증설 안 하나?'
'허니버터칩 공장 증설, 약인가 독인가?'

나는 비슷한 제목의 인터넷 기사를 몇 개 더 클릭했다. 모두
다 '공장 증설'에 관한 내용이었다.

허니버터칩의 흥행이 계속되면서 회사 내부에서도 외부에서
도 허니버터칩의 생산 라인을 늘릴 것인가 말 것인가를 두고 많

은 이야기들이 오가고 있었다. 심지어 우리가 제품의 희소성으로 고객을 유혹하는 이른바 '품절 마케팅 전략'을 쓰느라 생산 라인을 일부러 늘리지 않는다는 소문까지 신빙성 있는 이야기처럼 떠돌고 있었다. 반면 공장 증설에 관한 화두가 제기될 때마다 초반의 깜짝 인기에 힘입어 생산 라인을 늘렸다가 인기가 사그라지면서 어려움을 겪게 된 타사의 사례가 함께 제시되면서, 허니버터칩의 미래를 어둡게 전망하는 이들도 생겨났다.

"이쯤에서 결단을 내려야 합니다. 여기서 생산 라인을 더 늘리지 않으면, 고객들에게 더 큰 오해만 살 뿐이에요. 감질 나는 기간이 길어지면, 오히려 허니버터칩에 대한 반감으로 인기도 떨어질 겁니다."

"맞습니다. 한창 인기 있을 때 많이 팔아야죠. 출시된 후 6개월이 지났는데도 이 정도로 인기를 이어가고 있으면, 신중할 때는 지난 것 같은데요."

"아니에요. 생산 라인을 늘리는 게 그렇게 간단한 문제입니까? 인력도 더 고용해야 하고, 그분들을 위한 편의 시설도 확

충해야 하고, 감자도 더 수매해야 하고…. 그렇게 다 준비했는데, 행여 판매가 떨어지기라도 해봐요. 새로 늘린 인력들 어떻게 할 겁니까?"

회사에서는 연일 이 문제로 설왕설래하는 일이 잦아졌다. 허니버터칩의 증산 문제는 나 또한 판단하기 힘든 문제였다. 관련 기사를 읽거나, 유사 사례를 살펴보거나, 사람들의 이야기를 들어서 결정할 수 있는 사안이 아니었다. 눈 딱 감고 '공급이 부족하면 생산을 늘려야 한다'라는 일반론에 기댈 수도 없는 노릇이었다. 자칫 잘못했다가는 회사에 돌이킬 수 없는 손실을 입힐 수도 있기에, 그 어느 때보다 신중하게 상황을 살피면서 결정의 근거를 찾아야만 했다.

허니버터칩을 구하지 못한 고객들이 SNS에, 고객 만족팀에, 고객의 소리를 통해, 온갖 호소와 불만을 전해올 때마다 나 역시 마음이 무거웠다. 과자 한 봉지가 뭐 그리 대단하다고 고객을 애태우게 만든다는 말인가. 이렇게 구경도 하기 힘든 콧대 높은 과자라면, 나라도 자존심이 상해 더 이상 정을 붙이지 않을 것 같았다. 그렇게 보면 증산은 이미 예견된 것일지 몰랐다.

"상황을 살펴보면, 증산을 하기는 해야 할 것 같군요. 문제는

'언제' 하느냐입니다. 지금까지 늘 그랬던 것처럼 여기에 정답은 없을 겁니다. 그래도 최대한 상황을 면밀하게 분석할 필요는 있다고 봅니다. 주관적인 의견 말고 객관적인 지표를 가지고 다시 얘기해봅시다.”

신중한 고민의 끝

증산의 시기를 결정하는 데 있어 나는 단순한 직관을 따르기보다는 시장 분석이 필요하다고 생각했다. 여기서 고려할 사항은 크게 두 가지였다.

첫째는 시장의 규모였다. 지금 당장 허니버터칩이 잘 팔린다 해도 열풍은 언제든 사그라들게 마련이다. 그 이후에는 원래 과자를 꾸준히 구매하는 이들, 특히 감자칩을 좋아하는 고객들이나 달콤한 과자를 좋아하는 고객들이 허니버터칩을 계속해서 찾아주어야만 스테디셀러로 자리매김하는 게 가능해진다. 우리는 허니버터칩 시장의 전체 규모를 짐작하기 위해 공신력 있는 외부자료를 통해 허니버터칩과 유사 제품들을 총합한 판매량을 추측했다. 이 결과를 토대로 허니버터칩의 생산 라인을 늘렸을 때 시장이 어느 정도 그 수량을 감당해낼 수 있을지 시뮬레이션을 해볼 수 있었다.

둘째는 시장의 지속적인 성장 가능성이었다. 한 제품의 성장 가능성이란 인기가 치솟고 있을 때는 점칠 수 없는 법이다. 그렇다면, 언제 어떤 근거로 성장 가능성을 가늠할 수 있을 것인가. 관련 미팅에서는 다음과 같은 성장 가능성이 발표되었다.

"허니버터칩 시장은 앞으로도 지속적으로 커나갈 겁니다. 그 근거는 바로 유사 제품들이 등장하는 양상입니다. 히트 제품이 나오면 유사 제품이 따라 나오는 것은 드물지 않은 사례지만, 유사 제품이 해당 카테고리를 넘어 여러 제품군으로 확대되는 것은 무척 희귀한 사례죠. 허니버터칩은 스낵은 물론 허니버터라면, 허니버터라떼, 허니버터아몬드 등 다양한 식품으로 변주되었고, 심지어 허니버터팩처럼 화장품 시장까지 영역을 넓혀가는 상황입니다. 이렇게 봤을 때 허니버터칩은 패드가 아닌 패션으로 자리잡을 가능성이 크다고 봅니다."

이 이야기는 그간 '허니버터칩이 패드에 머물 것인가, 패션으로 갈 것인가'에 대해 끊임없이 자문했던 내게 확신을 심어주었다. 패드는 일시적인 베스트셀러지만, 패션은 장기적인 스테디셀러다. 그리고 과자 시장은 패드와 패션이 명확하게 갈리는 곳이다. 판매량 상위권을 차지하는 제품들은 대부분 평균 나이가 30세 이상이다. 해태의 제품들로 국한하더라도 1945년생인 '연양갱'은 무려 70세이고, '에이스' '맛동산' '사브레' 등도 70년대생으로 30세가 훌쩍 넘는다.

이런 쟁쟁한 제품들이 상위권에 버티고 있는 상황에서, 신제품이 이 사이를 비집고 들어가기란 그야말로 낙타가 바늘구멍에 들어가는 것만큼이나 어려운 일이었다. 신제품은 성공하기도 힘들지만, 성공한다 해도 오래갈 확률이 아주 낮았다. 신제품이 순위권에서 머무는 기간은 보통 한두 달, 길면 석 달, 아주 길면 6개월 정도였다. 마케팅에서 통상적으로 패드의 기간을 6개월 안쪽으로 본다는 것을 감안하면, 허니버터칩은 패드의 유효기간을 지나고 있었고, 더 고무적인 것은 그 기간 내내 선두를 유지했다는 점이었다.

"공장 증설, 들어갑시다. 실무진에서는 준비해주세요."

그렇게 우리는 또 한 번, 미지의 길로 나아가는 힘든 결정을 내렸다. 여러 의견과 각종 자료를 근거로 공장 증설을 결정한 우리는 1년 후 공장 완공을 목표로 달리고 있다. 공장을 증설하기로 한 이 결정이 우리에게 어떤 결과를 가져올지 우리는 알지 못한다. 많은 이들의 우려대로 허니버터칩의 인기가 순식간에 땅에 떨어질 수도 있다.

그렇다 해도 생산 라인 확대 결정을 내리기 위해 나와 우리 직원들이 심사숙고했던 긴 시간과 과정이 갖는 의미가 사라지는 것은 아니다. 그 과정이 있었기에 우리는 의견 차를 좁힐 수 있었고, 허니버터칩과 관련된 상황을 더 잘 이해하게 되었으며, 이 제품에 더 큰 애정을 가질 수 있었다. 우리를 똘똘 뭉치게 하고 시장을 바라보는 안목을 키우게 해주었다는 것만으로, 이 의사결정의 시간은 우리에게 더없이 소중했다.

이제 우리는 뒤돌아볼 여력이 없다. 커다란 결단을 내렸으니, 이제 필요한 것은 결단을 성공으로 이끌기 위한 새로운 전략을 도모하고 그 전략에 집중하는 것뿐이다. 그렇게 우리는 다음 단계로 나아갈 준비를 다시 한 번 서두르게 되었다.

허니 시리즈는
계속 진화한다

제2그룹만으로는 부족하다

허니버터칩의 생산 라인을 확대하기로 결정한 이후, 우리의 행보는 더 바빠졌다. 허니 시리즈를 성공적으로 시장에 안착시키며 허니버터칩의 인기를 이어가는 발판을 마련했다고 자평하고 있었지만, 그것만으로는 부족했다.

"어렵게 잡은 고객들을 놓치지 않으려면, 고객 관리에 더 신경을 써야 할 것 같습니다. 고객들이 자꾸 우리 제품에 눈을 돌릴 수 있도록 다양한 이벤트를 열어야 합니다."

"매장 관리도 더 철저히 해야 합니다. 최근 들어 여러 매장에서 허니 버터칩과 타 제품을 묶어서 끼워 팔기를 한다는 제보가 많이 들어오는데, 이런 일들은 일일이 확인하고 조치를 취해야 합니다."

모두 일리 있는 지적이었다.

"좋습니다. 관리를 더 철저히 해나가야겠지요. 각 부서에서 책임지고 지금 말씀하신 부분들은 잘 챙겨주세요."

그러나 내가 생각하는 것은 그보다 좀 더 근본적인 것이었다. 관리도 중요하지만, 장기적으로 좀 더 적극적인 전략을 펼칠 필요가 있었다.

"허니 시리즈 제3그룹을 개발합시다."

이것이 내가 내린 결론이었다.

허니버터칩의 복잡한 가계도

허니 시리즈 제3그룹에 대한 준비는 비교적 체계적으로 진행되었다. 우리는 현재 시장에서 인기를 얻고 있거나 인기를 얻을 조짐이 보이는 맛과 식재료에 대해 조사를 시작했다. 그런 과정을 거쳐 우리가 선택한 원료는 '과일'이었다.

얼핏 생각하면 과일은 사람들이 꾸준히 찾아온 식재료이기 때문에 독특하거나 새로운 면이 없어 보일 수 있다. 하지만 건강과 웰빙에 대한 관심이 높아진 상황에서 과일은 트렌드에 맞는 소재다. 또 과일 자체는 색다르지 않더라도 과일과 감자의 조화는 희소성을 가진다. 감자 스낵에 꿀을 넣는 것이 고정관념을 깨뜨린 발상이었던 것처럼 감자 스낵에 꿀과 과일을 함께 넣는 것도 새로운 시도가 될 수 있는 것이다.

《고독한 미식가》에 빗대 설명한 것과 같이 제1, 제2그룹은 허니버터칩이 가진 기본적인 맛에서 크게 벗어나지 않기 때문에 맛 지도상에서 수평을 이룬다. 하지만 새로운 스낵은 허니통통에 꿀과 과일을 함께 첨가함으로써 수직을 이룬다. 맛 그래프상에서 완전히 다른 행로를 보임에도 불구하고 이 신제품의 개발은 허니버터칩이나 허니통통을 만들 때보다 수월했고 사내 합의도 원만했다. 허니버터칩은 '달콤한 감자칩'이라는 낯선 콘셉트로 반발을 불러 일으켰고, 허니통통은 카니발리제이션의 위험이 있다는 점에서 환영받지 못했지만, 앞선 두 제품의 히트는 '또 한 번 해내자' '우리는 할 수 있다'는 합의된 다짐을 불러왔던 것이다.

이 신제품은 두 가지 점에서 의미를 찾을 수 있다.

첫째는 감자 스낵의 새로운 풀이다. 이미 경쟁사들은 다양한 아류 제품을 쏟아냈고, 그 제품들은 '허니' 뒤에 무언가를 붙이는 공통점을 갖고 있었다. 허니밀크, 허니머스터드, 허니스틱, 허니라떼처럼 말이다.

하지만 우리의 의도는 허니는 가져가되 과일이라는 전혀 다른 영역을 만듦으로써 유사 제품과 차별화된 패턴을 형성하는 것이었다. 감자 스낵에 과일을 첨가하는 일이 활성화되어 있지 않던 국내 시장에서, 우리는 이 제품을 통해 스스로가 만든 허니 시리즈의 범위를 넘어서기를 기대했다.

둘째는 트렌드를 포착하고 발 빠르게 반영하는 능력이다. 과일은 흔한 식재료지만, 작년부터 식품업계에서는 여러 가지 요

인으로 과일이 '뜰' 거라는 예측이 나
와 있었다. 지금은 과일이지만 트렌
드가 변화할 때마다 허니통통은 또
다른 소재, 또 다른 모습으로 재탄생
할 것이다. 허니 시리즈가 진화를 거
듭할수록 허니버터칩의 가계도는 복잡해지겠지만, 복잡한 가계
도야말로 우리가 현재에 안주하지 않는다는 증거다.

　미각만큼 보수적인 기관은 없다고 한다. 특히 제과업계에서
는 신제품이 스테디셀러의 벽을 넘기가 어렵다. 하지만 성공보
다 성장을 우위에 둔다면, 트렌드를 읽고 내가 먼저 판을 벌여야
한다. 성장이 없으면 성공도 없다. 설령 운이 좋아 한 번쯤 성공
하더라도 지속적인 성공, 궁극적인 성공은 불가능하다.

　진정한 성공을 위해 나는 보수적인 입맛의 허를 찌르고 새로
운 영역을 개척하는 일을 계속해나가고 싶다. 아무도 밟지 않은
땅을 제일 먼저 밟는 기분은 얼마나 짜릿할까. 그런 생각을 할
때면 나는 아직도 어린아이처럼 가슴이 뛴다.

꿈을 좇는
당신에게
전해주고 싶은
이야기

지금까지 나는 허니버터칩 개발과 출시, 그 이후의 과정을 솔직하게 이야기했다. 되도록 빠짐없이 담으려 했지만, 그럼에도 여전히 부족함을 느낀다. 그래서 내가 회사를 경영하고, 신제품을 기획하며, 마케팅을 준비할 때 항상 염두에 두는 몇 가지 원칙을 공개하려 한다. 나 역시 한결같이 이 원칙을 지키지는 못하지만, 어려운 순간이 닥칠 때마다 이 리스트를 상기하며 마음을 다잡곤 한다. 이 원칙들이 내 꿈에 힘을 불어넣어 주듯이, 이 책을 읽는 여러분에게도 꿈을 좇는 원동력이 되었으면 좋겠다.

● 새로운 관점을 찾아라

허니버터칩을 만드는 첫 단계에서, 우리는 브랜드별로 시장을 파악하던 기존의 방식을 버리고 '맛 지도'를 통해 시장을 살펴보았다. 흔히 새로운 관점을 찾으라고, 창조적인 시각을 가지라고 말하지만, 그러기 위해서는 대상을 바라보는 방법부터가 바뀌어야 한다.

한 곳에 앉아서 사물을 바라보면 우리는 언제까지나 그 사물의 앞면밖에 볼 수 없다. 몸을 일으켜 걸음을 옮기고 위치를 바꿔서 옆면과 뒷면도 봐야 한다. 이처럼 익숙한 것을 낯설게 바라볼 때 비로소 다른 관점, 창조적인 시각이 생긴다. 새로운 것을 만들고 싶다면, 낯선 시선으로 내부적, 외부적 환경을 점검하는 것이 먼저다.

● 상식을 의심하라

맛 지도라는 '낯선 시각'을 통해 우리가 알게 된 것은 '감자칩을 제외한 모든 스낵에 짠맛과 단맛이 골고루 분포한다'라는 것, 쉽게 말해 '감자칩엔 짠맛뿐이다'라는 것이었다. 감자칩이 짠 것은 너무나도 당연한 사실, 한마디로 상식이다. 따라서 누군가는 기껏 낯선 시각을 갖고 발견한 것이 상식이라는 데 맥이 빠질지도 모르겠다.

하지만 때로 상식은 고정관념이 되기도 한다. 고정관념이 고정관념인 줄 모르는 경우는 너무나 많다. 이미 익숙해졌기 때문이다. 나를 둘러싼 환경과 관념에 매몰되어버리면 아무것도 알아챌 수 없다. 물론 새로운 관점, 창조적인 시각도 불가능하다.

상식을 단정하면 아무 일도 일어나지 않는다. 하지만 상식을 의심하면 질문이 생긴다. '감자칩은 짜다' 대신 '감자칩은 짜야 할까?' 하고 질문을 했다면 상식을 재해석할 수도 있다. '달콤한 감자칩이 있다면 어떨까?'

우리는 어떤 질문에도 대답을 잘하는 사람이 똑똑하다는 생각을 갖고 있는 것 같다. 하지만 대답을 잘하는 사람보다 질문을 잘하는 사람이 되어야 한다. 새로움은 대답이 아니라 질문에서 나온다.

● 편견의 호수에서 헤엄쳐 나와라

상식을 의심하고 재해석했더라도 편견에 부딪히면 자신감을 잃게 된다. 내 안에 도사린 편견이든, 타인이 만든 편견이든 마찬가지다. 특히 자신의 생각에 확신이 없는 상태에서 편견이 틈입해오면, 맥없이 무너지기 십상이다. 이런 경우엔 편견의 호수에서 헤엄쳐나와야 한다.

여기에서 호수는 온갖 편견들로 가득 찬 공간이다. 하나의 편견과 맞서 이겼더라도 앞으로 헤엄쳐가다 보면, 또 다른 편견과 맞닥뜨리게 된다. 그러면 다음 편견과 싸워서 앞으로 나아가고 그 다음 편견과 싸워서 앞으로 나아가면서, 편견과의 끝없는 싸움을 계속해야 한다. 결국 물가에 닿기도 전에 힘이 빠져 호수에 익사해버릴 것이다.

중요한 것은 헤엄을 잘 치는 게 아니라 호수에서 완벽히 빠져나오는 것이다. 싸우고 헤엄치기를 반복할 게 아니라 아예 그 호수에서 나와 편견과 헤어져야 한다.

● '왓 이프'에 익숙해져라

흔히 사람들은 제품을 개발할 때 가장 중요한 것이 '기술력'이라고 생각한다. 하지만 기술력보다 우위에 있는 것이 상상력이다.

'감자칩의 짠맛에 단맛이 더해지면 사람들이 좋아할까?' '허

니와 버터와 감자가 만나면 어떤 느낌일까?' '달콤한 감자칩과 맥주의 궁합은 괜찮을까?'

엔지니어Engineer이기 이전에 드리머Dreamer가 되어 '이런 제품이 있으면 어떨까?' '이렇게 했던 것을 저렇게 해보면 어떨까?' 하는 상상을 끊임없이 해보자. 창조적 성과는 '만약'이라는 단어에서 시작된다.

● 리스크를 감수하고 감당하라

내가 허니통통의 출시를 결정했을 때 사람들은 카니발리제이션으로 인해 허니버터칩의 매출이 떨어질까 봐 불안해했다. 결국 찬성도 동의도 없이 나 혼자 일을 진행해나갔다. 다행히 허니통통은 허니버터칩의 매출을 빼앗지 않고도, 허니버터칩과 마찬가지로 품귀 제품이 되었다.

허니통통의 이야기에서 결과보다 더 중요한 것은 '리스크를 감수한 시도'다. 무언가를 성취하려고 할 때, 우리는 어느 정도 리스크를 안게 된다. 내가 가진 비전이 크면 클수록, 원하는 결과물이 새로우면 새로울수록 리스크도 커진다. 누구에게나 리스크는 두려운 것이다. 하지만 피하기보다는 감수해야 하고, 맞

230

닥뜨렸을 때에는 감당해야 한다.

● **때로는 하려고 했던 것, 하고 싶은 것도 참아라**

허니버터칩이 예상보다 훨씬 뜨거운 반응을 몰고 오면서, 우리는 제작해둔 포스터도 붙이지 않았고 준비해둔 SNS 마케팅도 하지 않았다. 아깝다고 생각할 수도 있지만 어차피 이 마케팅들의 목적은 허니버터칩을 판매하는 것이었다. 목적을 위해서 수단은 수정될 수도 있고 대체될 수도 있으며 폐기될 수도 있다. 어떤 순간에라도 목적과 수단을 혼동하지 말아야 한다. 더불어 무엇을 하고 무엇을 하지 않을지 명민하게 판단해야 한다.

● **매스미디어 시대에는 진실만 통한다**

허니버터칩이 우리의 기대 수준을 훌쩍 뛰어넘는 인기를 누릴 때 우리는 선제적 마케팅을 자제하는 대신, 팩트 베이스에 따른 관리를 원칙으로 세웠다. 때론 돌아가는 것처럼 느껴지고 때론 더 큰 오해를 받더라도, 사실만을 이야기하는 것이다.

목격자도 없고 화질 나쁜 CCTV 영상 하나만 있는 상황에서도, 네티즌 수사대의 활약으로 뺑소니 사고 가해자가 검거되는 세상이다. 당장의 위기를 모면하기 위해서든, 순간의 인기가 탐나서든, 거짓말을 하거나 상황을 과장하는 것은 어리석은 짓이다. 거짓의 유효 기간은 짧을 수밖에 없다. '정직이 최고의 미덕'이라는 진실을 잊지 말아야 한다.

● 스토리가 있는 제품이 이긴다

우리는 과자 하나를 만들었을 뿐이지만 고객들은 그 과자를 통해 나만의 스토리를 만들고 돈으로 환산할 수 없는 가치를 그 경험에 부여했다. 아무리 스펙이 중요한 세상이라지만, 우리가 어떤 사람을 인간적이라고 생각하고 매력적으로 느끼는 것은 스펙보다 스토리 때문이다. 물건도 마찬가지다. 온갖 기록을 갈아치운 제품보다 스토리가 있는 제품에 더 관심이 간다. 나는 허니버터칩이 만들어낸 다양한 현상들 가운데에서 무엇보다 허니버터칩에 얽힌 고객 한 사람 한 사람의 소중한 이야기에 뿌듯함을 느낀다.

진정한
해피엔딩을
위하여

대부분의 동화는 같은 문장으로 끝난다.

'왕자와 공주는 결혼을 했고 오래오래 행복하게 살았습니다.'

모든 갈등과 역경을 마무리하는 마법 같은 이 한마디에 안도하며 책장을 덮었던 기억이 대부분 있을 것이다. 드라마나 로맨스물도 그 과정이 좀 더 복잡할 뿐 동화와 크게 다르지 않다. 만나고, 사랑하고, 약속하고, 오해하고, 헤어지고, 화해하고, 다시 만나고…. 그러다 그 끝은 남녀 주인공의 결혼으로 마무리된다.

그럼 허니버터칩 이야기는 어떨까? 우리가 만들어낸 제품도 비슷한 결말로 끝낼 수 있을까?

'(…) 그리하여 허니버터칩은 많은 사람들에게 사랑을 받았습니다 - 끝'

허구의 러브 스토리와 달리 현실에서 한 남녀의 사랑은 결혼 이후에 본격적으로 시작된다고 해도 과언이 아니다. 결혼하는 순간엔 모든 커플들이 행복하지만, 결혼 후 20여 년이 지났을 때도 행복한 커플은 상대적으로 적다. 진짜 해피엔딩은 결혼식이라는 사랑의 정점 이후에 온다.

제품도 마찬가지다. 결혼식날 행복하다고 해피엔딩이 아니듯, 출시 당시 잠깐 잘 팔린다고 히트 상품이 아니다. 제품의 진짜 성패는 히트를 했을 때가 아니라 히트 이후에 갈린다. 베스트셀러에서 스테디셀러까지 롱런하느냐, 반짝 인기 상품으로 한순간의 영광을 뒤로 하고 사라지느냐. 패션과 패드를 구분하려면 인기를 얻은 지 적어도 1~2년은 지나봐야 한다.

'허니버터칩은 많은 사람들에게 사랑을 받았습니다. 그리고…'

이 문장에서 중요한 것은 '그리고'이다. 하지만 '그리고' 이후를 이야기하는 사람들은 많지 않다. 적어도 내가 본 대부분의 성공 스토리들은 '그리고' 이전에 끝났다. 결혼 이후의 구구절절한 이야기들이 후속으로 나오지 않듯, 성공에 관한 이야기들도 성공한 순간에 끝나버리는 것이다.

하지만 히트란 단순한 '상태'에 불과하다. 일회적일 수 있는 상태를 성공이라고 말할 수는 없다. 중요한 것은 그 상태를 유지하고, 지속하고, 발전시키는 것이다. 진짜 성공은 '그리고' 이후에 온다.

'그리고' 이후에 제품의 운명을 가르는 것을 크게 세 가지로 나누어보면 마음가짐, 방법론, 판단력이다. 어떤 마음가짐을 갖고 어떤 방법으로 절차를 이행하며 어떻게 판단력을 발휘했느냐에 따라 똑같은 상품이 히트 제품이 될 수도, 반짝 인기 제품이 될 수도, 망한 제품이 될 수도 있다.

첫 번째 항목인 마음가짐의 측면에서 보자면, 해태는 허니버터칩 이전까지 감자칩에서 업계 꼴찌였고 자신감을 가지기 어려운 상태였다. 일시적으로 그랬던 게 아니라 늘 그래왔다. 이것을 개인의 문제로 치환해보자면 좋지 않은 상황임에도 히트작을 만들려고 할 때 어떤 마음가짐을 가져야 하며 왜 그것이 중요한지 생각해볼 수 있을 것이다.

나는 허니버터칩 이야기를 하며, 부정적인 경험이 만들어낸 부정적인 감정을 모르는 체하는 것이 자신감은 아니라고 말했다. 오히려 그것은 나약함과 열등감을 감추기 위한 허세에 가까울지도 모른다.

1등, 승리, 성공에 관한 경험은 분명 우리를 당당하게 만들어준다. 하지만 비록 꼴찌라 하더라도 나와 타인을 비교하지 않고, 편견에서 벗어나 자기만의 길을 걸어가고자 할 때, 비로소 창조적인 시각과 색다른 관점을 가질 수 있다. 진정한 자신감을 가지기 위해서는, 있지도 않은 자신감을 억지로 펌프질하는 것보다 순위를 벗어난 자기만의 비전을 실현하는 게 더 중요하다. 그리고 이것은 '꼴찌임에도 불구하고' 할 수 있고, '꼴찌이기 때문에' 할 수도 있다.

둘째는 히트 상품을 만들 때 거쳐야 하는 과정, 방법론의 문제다. 어떤 일을 수행하든 몇 단계로 나눠진 절차가 있는데, 이것은 개인이 일일이 검색해서는 알기 어렵다. 내가 개발 단계부터 출시 이후까지를 상세하게 묘사한 이유는, 허니버터칩이라는 실제 사례를 통해 대부분의 사람들이 대강은 알면서도 정확하게 이해하거나 응용하지는 못하는 방법론에 관한 이야기를 들려주고 싶었기 때문이다.

세 번째는 문제 해결 능력과 판단력에 관한 것이다. 수없이 많은 마케팅 이론서와 경영전략서가 있지만, 일선에 있다 보면 이론과 현실이 전혀 다르다는 것을 깨닫게 되는 경우가 종종 있다. 그중에서도 허니버터칩은 그 현상이 새롭고 낯선 탓에, 이론이나 경험보다 순간적인 판단과 직관을 믿고 따라야 했다. 내가 그런 대응을 통해 알게 된 것들이 독자들의 선택에 기준점으로 작용할 수 있기를 바란다.

어쩌면 혹자의 눈에는 허니버터칩 히트 이후에 우리가 그 상태를 유지하고 발전시키기 위해 했던 이런저런 일들이 대단하게 보이지 않을지 모르겠다. 왜냐하면 우리가 한 것과 하지 않은 것은 흔한 말로 '한 끗 차이'이기 때문이다. 그러나 반짝 인기가 아니라 진짜 히트 제품을 만들고 싶다면 미세한 차이가 완전히 다른 결과로 나타난다는 것을 기억해야 한다.

　강조하자면 결국 내가 허니버터칩의 사례를 통해 하고 싶었던 이야기는 '허니버터칩이 히트를 쳤다'가 아니라 히트 이후, '그리고'이다. 만약 당신이 뜻대로 풀리지 않는 일 때문에 스스로를 꼴찌라고 느끼고 있다면, 감자칩 시장에서 만년 꼴찌였던 우리가 허니버터칩을 만들고 히트시켰던 과정을 통해 삶을 반전시킬 실마리를 발견하기 바란다.

　'그리고' 이후에 더 빛날 당신의 해피엔딩을 응원한다.

Shall We Honey?

허니버터칩의 비밀

© 신정훈 2015

2015년 10월 13일 초판 1쇄 발행
2015년 11월 3일 초판 2쇄 발행

지은이 | 신정훈
발행인 | 이원주
책임편집 | 김효선
책임마케팅 | 이재성

발행처 | (주)시공사
출판등록 | 1989년 5월 10일(제3-248호)
브랜드 | 알키

주소 | 서울시 서초구 사임당로 82(우편번호 137-879)
전화 | 편집(02)2046-2896·마케팅(02)2046-2877
팩스 | 편집(02)585-1755·마케팅(02)585-1755
홈페이지 | www.sigongsa.com

ISBN 978-89-527-7494-1 03320

알키는 ㈜시공사의 브랜드입니다.